Der gefährliche Mutant und seine Religion

von Peter Gruß

mit einem Prolog von Oliver Gruß

Regensburg

2016

Prolog:
Der Mensch – ein gefährlicher Mutant?

Aus der Sicht der modernen Biowissenschaften ist die Existenz der Art *homo sapiens* genauso wie die aller anderen *species* das Ergebnis der Evolution auf der Erde. Die nahe Verwandtschaft zu den übrigen Primaten lässt keinen anderen Schluss zu, als dass wir vor geraumer Zeit mit den Hominiden einen gemeinsamen Vorfahren hatten, aus dem die verschiedenen Arten (Mensch, Orang-Utan, Gorilla, Schimpanse) hervorgegangen sind. Diese Entwicklung datieren wir auf ca. 5 – 10 Millionen Jahre vor unserer Zeitrechnung. Wir stammen also im eigentlichen Sinne nicht von Menschenaffen ab, schon gar nicht von den heute lebenden, sondern teilen mit den Hominiden unsere Wurzeln. Wir können das sehr gut anhand der Sequenzen unseres Erbgutes im Vergleich z.B. mit Schimpansen ermitteln, mit denen wir eine Übereinstimmung von 98,4% aufweisen. Die molekulare Uhr sagt uns dann, dass der „Abstand" wenige Millionen Jahre beträgt, als wir uns von gemeinsamen Vorfahren „auseinanderentwickelt" haben.

Wesentliche Fragen der „Menschwerdung" bleiben aber unklar. Selbst bei einer jungen Menschenart, wie unserer stehen uns auch kaum genügend Fossilien oder andere konservierte Materialien zur Verfügung, die eine vollständige Rekonstruktion unserer Evolution erlauben würden. Trotzdem können wir für einiges plausible Hypothesen aufstellen, teils aus Funden, teils auf Grund von Analogien aus den Beobachtungen anderer Arten und oft aus Sequenzvergleichen unseres Erbgutes. Wir gehen heute davon aus, dass es durchaus mehr als eine Art bewusst denkender Menschen gegeben hat, wir aber gegenwärtig als einzige übrig geblieben sind. Der Neandertaler hatte beispielsweise ebenso wie wir ein erheblich vergrößertes Vorderhirn und sehr wahrscheinlich die anatomische Fähigkeit zur Sprache. Außerdem hat er seine Spuren als Mensch mit kulturellen Leistungen hinterlassen. Die moderne Molekularbiologie erlaubt uns außerdem einen Blick in große Teile des Neandertaler-Erbmaterials, das von meinem Kollegen Svante Pääbo (siehe Wikipedia!) und seinen Mitarbeitern am Max-Planck-Institut für evolutionäre Anthropologie in Leipzig, sowie zahlreichen Wissenschaftlern weltweit in den letzten 10 Jahren decodiert werden konnte. Die DNA-Sequenzen zeigen eindeutig die Verwandtschaft zwischen uns und den Neandertalern (ca. 99,5% Übereinstimmung des Erbmaterials) und geben Hinweise, dass *homo sapiens* und *homo neanderthalensis* über viele 10.000 Jahre koexistiert haben und phasenweise sogar gemeinsame Nachkommen hatten. Ob menschliche Arten, wie wir oder der Neandertaler, generell in neuen Selektionsprozessen entstanden sind oder eine

Art sich weiter evolviert hat, ist nicht völlig klar. Wir dürfen dabei nicht vergessen, dass die Zeiträume der Menschheitsgeschichte zwar gemessen an der Erdgeschichte sehr kurz sind, wir aber trotzdem von Millionen Jahren sprechen.

Wie bei den meisten Säugetierarten basiert die Entstehung der Art *homo sapiens* sehr wahrscheinlich auf der Selektion einer sehr kleinen Population (wenige 1000 Individuen). Die Spuren der Anfänge bleiben somit im Dunkeln und wir „sehen" den modernen Menschen erst nach seiner weltweiten Ausbreitung ab ca. 200.000 Jahre v.Chr. Sehr viel mehr Information steht uns offensichtlich von der gegenwärtigen Population unserer Art zur Verfügung. Sie erlaubt uns die eindeutige Aussage, dass systematische Unterschiede zwischen einzelnen menschlichen „Rassen" im Rauschen individueller Unterschiede untergehen. Ethnisches Verhalten und die Zugehörigkeit zu einer Volksgruppe sind also rein auf Verhaltensweisen begründete Konventionen, die jeder von uns im Laufe seines Lebens erfährt. Einfach gesagt würde jeder menschliche Bewohner dieses Planeten zum Deutschen, Japaner, Kenianer oder Australier werden, wenn er in diesem Kulturkreis geboren wäre und aufwachsen würde. Mögliche morphologische Merkmale, wie z. B. die Hautfarbe spielen in diesem Zusammenhang nicht die geringste Rolle. Diese Feststellung mag simpel klingen oder offensichtlich. Die Fehlinterpretationen oder der politische Missbrauch menschlicher Evolutionsbiologie haben aber wesentlich zu den Konzepten des Sozialdarwinismus und des Rassenwahns beigetragen. Aus der Feststellung „erblicher" Rassenunterschiede auf der Ebene von Körpermorphologie, Intelligenz und Habitus wurden Wertigkeiten generiert. Dazu kam die Pervertierung von Darwins postuliertem Prinzip des *survival of the fittest* als Rechtfertigung dafür, „minderwertige" Rassen im Rahmen eines „natürlichen" Selektionsprozesses „auszumerzen". Es ist eine von Darwins zentralen Aussagen und anerkannter Motor der Evolution, dass besonders gut ausgerüstete Individuen einen Überlebens –und Fortpflanzungsvorteil haben. Die systematische Ausrottung von Artgenossen mit dieser Rechtfertigung ist aber zweifelsohne einer der größten Missbräuche wissenschaftlicher Ideen in der Menschheitsgeschichte.

Der Erfolg der Evolution unserer Art basiert keineswegs auf der Verdrängung von Artgenossen oder gar deren Vernichtung. Sie basiert auf der Fähigkeit der bewussten Wahrnehmung und der intensiven Kommunikation, die es uns erlaubt starke und gut organisierte soziale Verbände zu bilden. Vieles deutet darauf hin, dass unsere instinktiven Verhaltensmuster nach Zusammenleben in einer starken und durchaus größeren Gruppe streben. Das schafft relative Sicherheit, professionelle Spezialisierung und ein funktionierendes Sozialsystem. Es wäre naiv zu glauben, dass es im Kampf um Ressourcen nicht immer kriegerische Auseinandersetzungen zwischen diesen Gruppen gegeben hätte. Die Gründe hierfür waren sicher oft der Kampf um überlebenswichtige Ressourcen oder Siedlungsgebiete. Hier stehen instinktive Verhaltensweisen im Vordergrund, die mit einem idealen Menschheitsbild wenig zu tun haben. Auch heute kämpfen die allermeisten Menschen entweder ums nackte Überleben oder zumindest um ein Leben in gesicherten Verhältnissen. Es ist also eigentlich nicht verwunderlich, dass Krieg nach wie vor, oder mehr denn je, zum menschlichen Alltag gehört.

Möglicherweise ist unsere Evolution hier zu langsam. Noch immer funktionieren wir mit einem Instinktprogramm, das für das Zusammenleben in Stammeskulturen optimiert ist. Die Fähigkeit zur intuitiven und wirksamen Solidarität mit Angehörigen anderer Stämme ist hier nicht vorgesehen bzw. sogar nicht gewollt. Es bleibt spekulativ ob die Evolution schnell genug ist, um Individuen mit instinktiver, globaler Solidarität hervorzubringen und zu fördern, und ob diese ein längeres Überleben unserer Art sichern würden.

Letztendlich haben wir aber bereits jetzt die intellektuellen Fähigkeiten und die Möglichkeit der rationalen Entscheidung um unser Überleben langfristig zu sichern. In der Tat wissen wir, dass eine Versorgung der Menschheit auf Basis des *status quo* möglich ist. Dies würde allerdings eine vernünftige und vor allem einheitlich solidarische Politik voraussetzen. Es würde die strikte Anwendung der Vernunft erfordern, die wir über instinktive Verhaltensmuster, Ängste oder Eitelkeiten stellen müssten, die uns antreiben. Es bleibt abzuwarten, ob unsere Evolution, die des gefährlichen Mutanten Mensch, schon weit genug fortgeschritten ist...

Im Folgenden wird unter Anderem darüber zu berichten sein.

Häuserblock an der Elbewiese

Geboren bin ich im Januar 1940 in Dresden. Meine Mutter war eine unglaublich fromme Frau; morgens, mittags und jeden Abend betete sie mit mir und am Ende des Abendgebetes sagte ich: „Schutzengelchen bleib bei mir, dass mir nichts passiert, Amen!"

Als ich begriff, dass ich der Peter bin, der mit seiner Holzlokomotive die Streifen des harten Teppichs im Flur als Schienen benutzt und in dem Haus Hindenburgufer 31 wohnt, ließ ich die letzte Silbe von „Schutzengelchen" weg. Ich bekam sogar einen Roller und konnte auf dem Hinterhof des Häuserblocks herumfahren (Abb. 1). Besonders gern streunte ich auf der großen Elbewiese umher, sollte mich aber nicht zu weit entfernen, weil doch Krieg war.

An einem wunderbaren Wintertag mit blauem Himmel entdeckte ich in den Flussauen Soldatenlöcher, krabbelte hinein und stellte fest, dass ich gerade eben über deren Rand hinüberspähen konnte, wenn ich mich streckte und auf die Zehenspitzen stellte. Prompt kam Fliegeralarm, also kroch ich aus dem Loch heraus, zumal meine Mutter in der Ferne aus dem Fenster des Kinderzimmers, von dem man die Elbewiese und das Freibad sehen konnte, herausschrie: „Komm sofort, Alarm!"

Dass Alarm war, wusste ich selbst, rannte auch einigermaßen, aber nicht so schnell, weil ich diesen viel zu dicken Wintermantel anhatte. Ich hörte leises Flugzeugbrummen, sah hoch oben am strahlend blauen Winterhimmel zwei winzige Flugzeuge, die langsam ihre Bahn zogen und konnte mir nicht vorstellen, dass von denen eine Gefahr drohte. „Schutzengel bleib bei mir!", dachte ich, lief noch etwas langsamer und als ich unseren Häuserblock erreichte, heulte die Sirene ihre Entwarnung.

Besonders scheußlich an dem Krieg war die Abwesenheit meines Vaters, der mir was erzählen und mit mir spielen sollte. Einmal hatte er Urlaub, aber viel zu kurz. Vom Kinderzimmerfenster konnte ich an der gegenüberliegenden Straßenseite die Masten und Telefondrähte sehen, auf denen oft Krähen saßen und kreischten. Ich bat meinen Vater inständig, doch wenigstens eine Krähe abzuschießen.

„Ich habe doch gar kein Gewehr bei mir", behauptete er.

„Dein Gewehr habe ich gesehen, es liegt im Luftschacht über dem Klo", entgegnete ich.

Er war zunächst etwas ärgerlich, musste zugeben, dass ich recht hatte und erklärte, die Patronen, die er bei sich habe, seien abgezählt und er müsse dem Hauptmann darüber Rechenschaft ablegen, warum er im Urlaub geschossen habe. „Krähen sind nicht erlaubt!", erläuterte er.

„Nur Menschen?", fragte ich. Er schwieg, zuckte die Achseln und am nächsten Tag ging er wieder in den Krieg.

Meine Mutter war ziemlich streng und sie verlangte prompten Gehorsam. Wenn ich nicht parierte, rutschte ihr schon mal die Hand aus und ich bekam eine Ohrfeige. An einem Mittag hatte sie Suppe gekocht, die nicht schmeckte; ich saß vor dem Teller und machte irgendwelche Kaubewegungen, aß aber nicht. Da rutschte ihr die Hand wirklich aus: Sie traf meine Backe nicht sondern den Teller, der zerbarst. Ich bekam eine winzige blutende Verletzung an der Lippe und am rechten Mittelfinger und schrie wie am Spieß, hörte aber auf zu schreien als meine Mutter mir ein kleines Pflaster auf die Lippe klebte, wobei ihr eine Träne über die Wange lief.

In der Wohnung unter uns wohnte ganz allein eine Frau, die meine Mutter und mich an einem Nachmittag zum Kaffee eingeladen hatte.

Zuvor ermahnte mich meine Mutter: „Sag nichts darüber, dass du traurig bist, dass unser Papi im Krieg ist, diese Frau ist überzeugt, dass alle Männer für den Führer und den Deutschen Endsieg kämpfen müssen."

Ich bekam von der Frau ein Kakau – Getränk, das ich

nicht kannte und einige vertrocknete Plätzchen. Als wir uns dann verabschiedeten, fragte mich die Frau, ob ich denn auch Soldat werden wolle. Ich fühlte mich unsicher, schaute zu meiner Mutter, die aber nach oben zur Decke guckte. Schließlich antwortete ich etwas weinerlich: „Nein."

Die Frau ließ sich nichts anmerken und verabschiedete uns freundlich.

Dann kam die Faschingszeit und inzwischen waren viele Flüchtlinge in die Stadt gezogen mit Pferdewägen, Hunden und Kindern. Die Mädchen hatten Dirndlkleider und bunte Kopftücher, die Buben Cowboyhüte und Plättchenpistolen. Sie rannten herum, spielten Fangen, waren guter Dinge und die Dresdener halfen den Flüchtlingen, besonders den Kindern. Ich bettelte meine Mutter an: „Ach Mami, ich möchte doch auch so eine Plättchenpistole!"

„Nein, du bekommst keine Plättchenpistole, es wird genug geschossen", erklärte sie. Das Abendgebet wurde erweitert und stets mit der Bitte abgeschlossen: „Lieber Gott mach mich fromm, dass ich in den Himmel komm!" Und ich wurde zu Gehorsam und ruhigem Benehmen ermahnt.

Bombenangriff auf Dresden

An einem späten Abend im Februar wurde ich aus dem Schlaf gerissen, hörte die Sirenen und die Kommandos der Mutter: „Nimm dein Kopfkissen und ab in den Keller!"

Ich war total schlecht gelaunt, wollte die scheußliche Situation wenigstens dadurch etwas verbessern, dass ich auf dem Treppengeländer herunterrutschte. Das gab aber noch größeren Ärger, nämlich einen Klaps auf den Hintern und ein deutlich verschärftes Kommando: „Ab in den Keller!" Im Luftschutzkeller saßen Leute, von denen ich einige flüchtig kannte. Die Sirene heulte noch mehrmals, dann krachte es, zuerst offenbar weiter weg, dann auch in der Nähe. Meine kleine Schwester Rita und ich saßen an die Mutter gelehnt, die betete: „Maria breit den Mantel aus, mach Schirm und Schild für uns daraus, lass uns darunter sicher stehn, bis alle Stürm vorüber gehn!"

Wie das nun alles vorübergehen würde, hatte ich nicht verstanden, als ich mitbeten sollte und jammerte: „Aber wenn doch der Mantel von der Mutter Gottes ein Loch hat..."

Kurz darauf ein gewaltiger Krach! Das Haus bebte, das eiserne Kellerfenster wurde in den Luftschutzraum hineingeschleudert; dadurch kam niemand zu

Schaden, aber heißer Qualm drang in den Keller. Ich bekam panische Angst, riss mich von der Mutter los, wollte mich in einem Soldatenloch in der Elbewiese verstecken und rannte zur Tür. Dort saß aber der Herr Härting, ein junger Mann mit langen Armen und Beinen, der nicht in den Krieg musste, weil er Epilepsie hatte. Der fing mich ein und klemmte mich zwischen seine Knie. Ich schrie wie am Spieß, das half aber nichts. Das Bombardement hörte auf, aber nach einer Weile rief meine kleine Schwester: „Hu, Mami, sie kommen wieder!"

Sie hatte recht. Als die Angriffswellen schließlich doch beendet waren, öffnete sich in der seitlichen Kellerwand eine Tür, Rauch drang ein und verletzte Menschen kamen aus der Dunkelheit mit angebrannter, zerfetzter Kleidung, Frauen mit Brandwunden statt Haaren auf dem Kopf und weinende Kinder.

Als es hell wurde, verließen wir den Keller. Gleich vor dem Haus war ein riesiges Bombenloch, das etwa zwei Drittel der Straßenbreite zerstört hatte. Ich wollte die Bombe sehen, die das Loch erzeugt hatte, sah aber nur frische Erde an den Wänden des tiefen, wie mit einem Zirkel rundgezogenen Kraters. Die Elbewiesen hatten ähnliche Löcher. Auf dem Hof hinter dem Häuserblock, wo ich so gern mit dem Roller gefahren war, lag jetzt Schutt und die Gebäude der Innenstadt waren unterschiedlich schwer beschädigt und brannten fast alle. Der Hausanteil von Tante Hoya, die mir immer Geschichten erzählt und frische Plätzchen geschenkt hatte, war weg und aus den Resten des Kellers schlugen Flammen.

Ich fragte meine Mutter: „Wo ist denn Tante Hoya?"

„Schau doch in das Kellerloch!", sagte sie. Ich war fassungslos und mir fiel ein, dass die Helga dort auch gewohnt hatte, so wie ich fünf Jahre alt, die alles besser wusste, auch im Besitz eines Rollers war und immer recht hatte, sodass wir öfter Krach bekamen. Aber so etwas Schreckliches hatte sie nun doch nicht verdient, fand ich.

Abb. 1: Im Hinterhof des Häuserblocks durfte ich mit dem Roller fahren; Die Helga hatte in dem völlig zerstörten Nachbarhaus gewohnt; sie war auch mit ihrem Roller hier umhergefahren.

Unser Teil des Häuserblocks war nicht zusammengebrochen. Man konnte sogar die Treppen hinauf- und hinabgehen, aber das Haus war baufällig, ein Wort, das ich besser verstand, als ich unsere Wohnung sah, die aber diesen Namen nicht mehr verdiente: Es war eiskalt, der Wind wehte durch die Räume, deren Böden mit Schutt und Gerümpel bedeckt waren. Möbelstücke waren beschädigt, zum Teil umgestürzt und alle Fenster waren zertrümmert.

„Wir müssen hier weg!", sagte meine Mutter, packte einen großen Rucksack für sich, den Spielrucksack für mich und holte den kleinen Kinderwagen für meine Schwester. „Ab, nach Klotsche", hieß es. Ich konnte mir nichts darunter vorstellen, wir gingen nämlich auf der durchlöcherten Hindenburguferstraße in Richtung Innenstadt. Ich wunderte mich, dass die Kirche mit der Kuppel noch stand, wo doch alles andere kaputt war. Der Zwinger war eine Ruine, die Teiche dort waren zum Teil leergelaufen und viele Balustraden zerstört, auf denen ich so gern balanciert hatte, wenn mein Vater mich festhielt, als ich noch klein war.

Abb.2: Der Zwinger hatte mich begeistert, aber leider nur selten konnte ich mit Hilfe des Vaters auf den Balustraden der Teiche balancieren.

Jetzt war alles zerstört und und in brennenden Trümmern, wo zuvor ein großes Haus gestanden hatte, lag ein qualmendes Flugzeug, aber nicht mit diesem deutschen Kreuz, sondern einem runden Hoheitsabzeichen mit noch erkennbaren, farbigen Ringen.

„Guck mal, Mami, ich glaube der Pilot ist noch drin!", rief ich und rannte näher zu den glimmenden Resten des Hauses.

„Jetzt komm sofort hierher, halt dich am Kinderwagen fest und renn nicht herum!", schimpfte sie. „Wir müssen jetzt über die Brücke.

Vor der Brücke stand ein ausgebranntes Auto. Ich musste nochmal den Kinderwagen loslassen, konnte mich an der Seitentür des DKW hochziehen und in das verkohlte Gerippe des Fahrzeugs hineinschauen.

„Du Mami, die Gedärme liegen noch auf dem Fahrersitz!", rief ich laut, zufrieden wenigstens mit diesem Erfolg, zumal ich doch von dem toten Piloten in dem Flugzeugwrack nichts gesehen hatte.

Die Elbebrücke war zwar in der Mitte durch eine Sprengbombe halbiert, aber für Fußgänger mit Handkarren und Kinderwagen passierbar. Ich konnte am Rand des Bombenloches in der Tiefe den Fluss strömen sehen, wurde aber wieder dringend ermahnt, mich am Kinderwagen festzuhalten. Wir waren nicht die Einzigen, die aus der zerstörten Stadt flohen, zumal das Gerücht umging, die Bomber würden nochmal angreifen. Das verstand ich überhaupt nicht, weil doch schon alles kaputt war. Auch in Dresden-Neustadt waren die meisten Häuser zerstört, reichlich Löcher in der Straße, die Elektroleitungen waren heruntergestürzt, Masten und Schutthaufen erschwerten das Fortkommen. Ein großes Gewirr verschiedener Kabel lenkte mich ab und meine Mutter schimpfte schon wieder: „Komm da weg, du kriegst einen elektrischen Schlag!"

„Du Mami, da ist kein Strom drin, alle Kabel sind kaputt", musste ich doch noch feststellen, als ich wieder an den Kinderwagen gezerrt wurde.

Der Gang nach Klotsche war elend lang gewesen und meine Füße taten weh, weil meine Mutter vor dem Abmarsch von mir verlangt hatte, dass ich meine Schuhe ausziehen solle, die würde jetzt dieser kleine Junge bekommen, der barfüßig ging. Für mich habe sie neue Schuhe, erklärte sie und ließ keinen Zweifel, dass ich sofort zu parieren habe.

Bei der Ankunft in Klotsche hatte ich Blasen an den Füßen und die Bekannten dort waren mir völlig unbekannt, sie waren unruhig und konnten in ihrem Haus, wo wir offensichtlich nicht die einzigen Flüchtlinge waren, natürlich keine wirksame Ordnung halten. Wir bekamen ein Zimmer ohne Fenster; ich konnte nicht schlafen, weil ich Angst hatte. Die Angst, in geschlossenen Räumen zu verweilen oder gar zu schlafen, habe ich jetzt immer noch.

Fahrt von Dresden ins Sauerland

Nach mehreren Tagen in Klotsche kam mein Onkel, der Bruder meiner Mutter, mit einem Holzgasauto und Chauffeur. Ich bewunderte unseren Onkel, der über diese Möglichkeiten verfügte; wir fuhren zurück nach Dresden zu der baufälligen Wohnung und meine Mutter raffte zusammen, was man in dem Auto verstauen konnte. Meine kleine, heiß geliebte Holzlokomotive hatte ich wiedergefunden und hielt sie in der Hand. Meine Mutter nahm sie mir weg, warf sie in den Schutt und gab mir als Ersatz ein Glas Marmelade. „Die kannst du wenigstens essen", sagte sie.

Ich heulte schrecklich, traute mich aber nicht, die Marmelade in den Schutt zu werfen. Am Abend war das Auto voll. „Ab ins Sauerland!", hieß es. Ich fragte den Chauffeur, wie das Auto denn fahren könnte, mit Holzfeuer, ohne Benzin. Statt mir das zu erklären, erläuterte er, wir könnten nur nachts fahren, wegen der Tiefflieger. Also gings los: Vorn der Fahrer und mein Onkel, hinten rechts meine Mutter mit der kleinen Schwester auf dem Schoß. Ansonsten war die Rückbank voll mit lauter Gegenständen, Proviant, besonders Eingemachtes, Schuhe und Kleidung. Ich hatte aber auch noch einen Miniplatz für meinen kleinen Hintern auf der Rückbank, genau in der Mitte, sodass ich zwischen meinem Onkel und dem Fahrer nach vorn schauen und das Armaturenbrett sowie die Straße sehen konnte. Besonders genau beobachtete ich den Tacho und die Autobahn, auf der ich keine Bombentrichter sah und dennoch erstaunlich wenig Verkehr. Unser Auto erreichte eine Geschwindigkeit bis 80 km pro Stunde. Schließlich lehnte ich mich vor lauter Müdigkeit gegen die Kleidungsstücke und schlief ein.

In der Morgendämmerung erreichten wir Kassel, was mir erklärt und als Erfolg gewertet wurde. Ich sah kein Kassel, sondern nur bizarre, graue Ruinen und eine Straße, die zwar Bombenlöcher aufwies, aber blank gefegt und in einer Art Schlangenlinie passierbar war. Während ich aufmerksam und ängstlich alles beobachtete, heulte die Sirene. Der Fahrer stoppte. „Schnell raus!", hieß es.

An der Straße liefen Leute herum, einige winkten, zeigten eine Richtung an und riefen: „Bunker!"

Mit der kleinen Schwester auf dem Arm lief meine Mutter zu dem Bunker und rief mir zu: „Beeil dich! Komm!"

Ich beeilte mich aber nicht, weil ich vor diesem Erdbunker genau so viel Angst hatte, wie vor den Bomben. „Wenn auf den Bunker eine Bombe fällt, ist der sofort kaputt", sagte ich zu der Frau neben dem engen Eingang, der offensichtlich auch noch zwei bis drei Stufen nach unten führte.

„Den Bunker hat mein Mann gebaut, bevor er nach Russland in den Krieg zog", sagte die Frau. Mit dem ungewissen Gefühl, dass die Frau spinnt, krabbelte ich schließlich in dieses dumpfe, niedrige Erdloch, angeblich ein Bunker. Meine Mutter betete wieder, die Rita war ganz ruhig. Ich hörte ein paar Bombeneinschläge und kurz danach die Entwarnungssirene, hatte aber trotzdem Angst, weil ich mir vorstellte, eine dieser wenigen Bomben sei auf das Auto gefallen. Das stand aber unversehrt auf der blankgefegten Straße und brachte uns zu dem eleganten Reihenhaus des Onkels, in freier Natur, mit schönem Ausblick, am Waldrand gelegen. Seine Frau, eine feine Dame und übrigens die Schwester meines Vaters, war sehr nett zu mir. Und ich freute mich besonders, meine Cousine zu sehen, die zwei Monate jünger ist als ich.

Betrachte ich nun diese, meine Geschichte, bin ich eigentlich nicht wirklich ein Flüchtlingskind wie meine Frau, die in Tetschen-Bodenbach, 40 km elbaufwärts, lebte und sich gut erinnern kann, wie die Leute damals, als sie auch fünf Jahre alt war, gesagt hatten: „Dahinten brennt Dresden."

„Ich weiß das alles noch ziemlich genau", bestätigte sie mir. „Bis Ende April waren deutsche Soldaten mit Panzern in Tetschen-Bodenbach. Als Anfang Mai die Russen kamen, zogen sich die Deutschen zurück. Es wurde geschossen und einige Bomben vielen auch.

Wir sind geflohen, zu Fuß auf der Landstraße, trotz der Schießereien. Ins Egerland zu Vatis bäuerlichen Verwandten konnten wir einige Strecken mit dem Zug fahren. Dann wurden wir in Koswig einquartiert und blieben dort auch über den Winter. Der Vati kam aus der Gefangenschaft, ziemlich mager, war zwei Mal verwundet und humpelte nach seinem Kniedurchschuss, war aber schon wieder ziemlich aktiv und besorgte uns die Genehmigung, in den Westen zu reisen. Wir wurden auf dem Speckhof, nah bei München einquartiert. Der Vati arbeitete dort und Hunger hatten wir nicht mehr, weil die Bäuerin zu uns Kindern gut war. 1949 bekam der Vati eine Stelle als Studienrat in Königshofen im Grabfeld, er fand auch eine Wohnung für uns. Wir waren zufrieden und ich ging gern in die Schule."

In Westfalen

Das Haus meines Onkels bei Wewelsburg war zwar wirklich komfortabel, aber schon nach kurzer Zeit ergriff ich die Gelegenheit, in der ländlichen Umgebung umherzustreunen und stieß auf einen hohen, unüberwindlichen Stacheldrahtzaun, der eine Anlage mit mehreren, solide gebauten Baracken umschloss, die auf platt gewalztem, hartem Lehmboden errichtet waren. Zwei Sorten Menschen konnte ich dort erkennen: Die einen hatten gestreifte, schlafanzugähnliche Jacken und Hosen an, die anderen waren irgendwie uniformiert und bewaffnet. Zwei von denen griffen sich plötzlich einen Schlafanzugmann, rissen ihm die Jacke weg und schlugen mit Knüppeln auf ihn ein. Der wand sich wie ein Wurm am Boden und schrie. Ich bekam einen furchtbaren Schrecken, rannte schleunigst nach Hause, berichtete meiner Mutter, was ich gesehen hatte und fragte: „Was ist denn da los?"

„Da werden Leute gequält, nur weil sie Zigeuner oder Juden sind und das müssen wir noch büßen", antwortete sie ziemlich leise, schwieg dann und fügte schließlich hinzu: „Und außerdem müssen wir hier auch wieder weg."

Ich ahnte, dass meine Mutter und ihr Bruder mit seiner Frau, wie erwähnt Schwester meines Vaters, der ja im Krieg war, völlig verschiedene Ansichten über den Führer und seine Politik hatten. Das zeigte sich am Sonntag ganz deutlich, als meine Tante ein schönes Mittagessen auf der Terrasse des eleganten Reihenhauses aufgetischt hatte und sich meine Mutter vor dem Essen bekreuzigte, um zu beten. Meine Tante schimpfte leise, aber deutlich: „Lass das sein, die Nachbarn sehen uns doch, dieses auffällige, katholische Verhalten bringt uns in Schwierigkeiten, das weißt du doch." Der Onkel nickte mit ernster Mine.

Am Abend dieses schönen Tages erklärte mir meine Mutter leise schluchzend: „Wir müssen hier weg, hast du ja selber gesehen heute Mittag."

Ich hätte beinahe auch geheult, weil ich mich von meiner Cousine trennen musste. In diesen westfälischen Landen haben wir aber zum Glück mehrere Verwandte meiner Mutter und zuerst wurden wir von Onkel Engelbert und Tante Toni aufgenommen, deren zwei Söhne in Russland gefallen waren. Die beiden Töchter, Ria 16 und Tönne 18 Jahre alt, waren sehr nett zu mir. Das Haus der Familie lag am Ortsrand von Belecke an der Möhne, aber nicht im Flusstal, sondern etwas erhöht, inmitten eines großen Gartens, sogar mit einem Bienenhaus, wo der Onkel die Bienen betreute. Er konnte überhaupt alles, arbeitete von früh bis spät, war aber sehr schweigsam und in sich gekehrt. Ich begriff erst später, wie traurig er war, dass seine Söhne im Krieg gefallen waren.

Am achten April erschien eine amerikanische Panzerkolonne oben auf der Landstraße, hinter unserem Haus, dem ersten am Ortsrand von Belecke. Die Kolonne blieb zunächst stehen und wurde nach eine Weile von einem gegenüber liegenden Hügel beschossen. Die amerikanischen Kanonen feuerten solange auf den Hügel zurück, bis sich dort nichts mehr rührte, während wir im Keller hockten. Als wir nichts mehr hörten, streckten Ria und Tönne ihre blonden Köpfe allzu neugierig aus dem Kellertreppeneingang, zu dem ich mich auch hingeschlichen hatte und schauten in Richtung Panzerkolonne, worauf sofort eine Maschienengewehrgarbe etwa in Höhe des ersten Stocks etliche Löcher im Verputz des Hauses hinterließ. Die Mädels kreischten und stolperten in den Keller zurück, wobei sie mich mit sich rissen, obwohl ich meinen ebenfalls blonden Kopf nicht annähernd so hoch hinauf gestreckt hatte wie die beiden. Schließlich setzte sich die Panzerkolonne in Bewegung und vor ihr fuhr ein Jeep, der bei unserem Haus anhielt. Zwei Soldaten stiegen aus und „eroberten" das erste Anwesen von Belecke: Sie schauten kurz in alle Räume, auch in den Garten und das Bienenhaus. In der linken Ellenbeuge hatten sie ihr Gewehr und mit der rechten Hand öffneten sie Türen, drehten mal einen Gegenstand um, guckten hinter einen Schrank, grinsten die blonden

Mädels an, stiegen in ihren Jeep und fuhren zu den nächsten Häusern, Richtung Stadtmitte. Nach all den Ängsten spürte ich Erleichterung, da ich glaubte, der Krieg sei nun zu Ende.

Am nächsten Tag war wunderschönes Frühlingswetter, meine Mutter und die Ria gingen mit Rita und mir auf die Külbe. Eine kleine Marienkapelle steht auf der Kuppe dieses Hügels. Mehrere Leute liefen dort herum und zwei ältere Männer gruben einen toten Hitlerjungen aus dem halb verschütteten Soldatenloch, von wo gestern die amerikanische Panzerkolonne beschossen worden war. Rita pflückte Blumen für den toten Soldaten, als plötzlich ein Schuss knallte und eine Rakete über ihren Kopf zischte. Ein pensionierter Lehrer, dessen Namen ich heute noch weiß, hatte eine Panzerfaust gefunden, daran herumgefummelt und den Schuss ausgelöst. Meine Mutter rannte auf ihn zu und beschimpfte ihn fürchterlich; aber er grinste nur so komisch und zuckte die Achseln. Ich war froh, dass dieser Spaziergang rasch beendet wurde.

Am nächsten Tag war es ruhiger und es gelang mir, in den nahen Wald zu entwischen. Ich wusste nämlich, dass Onkel Engelbert dort Spielzeug seiner toten Söhne auf einen Müllhaufen geworfen hatte, suchte herum und fand unter anderem eine kaputte Märklin-Lokomotive, drei Schienen und einen Güterwagen. Enttäuscht stellte ich fest, dass ich dieses Spielzeug nicht reparieren konnte, als plötzlich ein deutscher Soldat in dreckiger, halb zerfetzter Uniform daher schlich und eine Panzerfaust in den Wald richtete. „Hau ab, verschwinde!", zischte er mich an. Ich wollte noch schreien: „Der Krieg ist doch aus!", hatte aber zu viel Angst, rannte nach Hause, aber erzählte nichts von dieser seltsamen Begegnung, weil ich fürchtete, dass ich dann nicht mehr nach draußen durfte.

Später ging meine Mutter mit Rita und mir in die Stadt, um mit dem Ortskommandanten zu sprechen, worüber, das begriff ich nicht. Der elegante, junge Offizier saß zurückgelehnt, lässig in einem Sessel, wir durften auf dem Sofa Platz nehmen. Im Lauf des Gespräches legte er ein Bein auf seinen Schreibtisch. Rita krabbelte vom Sofa herunter, zerrte an seinem Stiefel herum und wollte das Bein vom Schreibtisch herunterdrücken. Der Captain war begeistert.

„Oh, German girl, very nice", meinte er, musste lachen und ließ natürlich seinen Fuß auf dem Schreibtisch liegen.

Auf dem Rückweg nach Hause fuhr auf der engen Straße ein Panzer auf uns zu, ich wollte mich auf einen Steinhaufen retten, kam aber nicht hinauf. Der Panzer rollte ganz langsam auf mich und den Steinhaufen zu, wobei er mal die linke und dann die rechte Kette betätigte. Ich hatte Todesangst, konnte nicht weg und schrie um Hilfe. Der Panzerfahrer grinste. Als sein Kollege von einem anderen Panzer abwinkte, änderte er die Richtung des grauenhaften Fahrzeugs und verschwand.

Seitdem hatte ich so viel Angst vor motorisierten Fahrzeugen, dass ich mich immer in den Graben warf, wenn ein Auto nahte. Rita und ich wurden auf Hamstertour geschickt, um bei den Bauern, eine Kartoffel, einen Apfel, oder als Maximalergebnis, ein Ei zu erbetteln. Rita schmiss sich also mit mit mir in den Graben, obwohl sie keine Angst vor den Autos hatte. Einmal war ich allein unterwegs und auf dem Rückweg aus dem Möhnetal war mir ein Unglück geschehen: Ich hatte in die Hose gemacht und ging langsam, breitbeinig am Straßenrand, hörte hinter mir ein Auto brummen, war aber zu schlapp, um mich in den Graben zu werfen. „Jetzt ist sowieso alles aus", murmelte ich vor mich hin, als der Armeejeep neben mit hielt. Eine uniformierte Frau saß am Steuer. „Can I help you?", fragte sie.

„No, thank you!", stotterte ich und humpelte weiter. Die Frau schaute mich etwas unsicher an, legte den Gang ein und fuhr weiter. Meine Mutter schimpfte nicht, als ich heimkam, sondern machte mir den Hintern sauber und setzte mich in die Badewanne.

Einmal waren Rita und ich sehr erfolgreich: Wir betrachteten einen großen Bauernhof am Ortsrand von Drewer, als ein ziemlich magerer Junge daherkam, etwa in unserem Alter. Er schaute uns aufmerksam an, zeigte auf den Hof und meinte: „Die Bäuerin da ist gut, geht mal dahin und wenn sie euch zwei Eier schenkt, dann müsst ihr mir eins mitgeben!"

Wir sagten etwas lustlos: „Ja", gingen zu der Bäuerin, bekamen zwei Kartoffeln und zwei Eier. Am Tor des Hofes stand der Junge und verlangte ein Ei, wir wollten aber keins herausrücken und es kam zu einer kleinen Rangelei. Die Bäuerin sah das und rief dem Jungen zu: „Und du hau ab, lass die beiden in Ruhe!"

Der Junge haute ab und wir verdrückten uns auch, aber ich hatte kein gutes Gefühl, sondern ein schlechtes Gewissen, wir hätten dem Jungen vielleicht doch ein Ei geben sollen, dachte ich.

Im Sommer 1945 starb Onkel Engelbert. Er wurde im Wohnzimmer aufgebahrt. Tante Toni weinte sehr, weil er doch ein so unendlich guter Mann gewesen war, ich fand den Aufwand für den Verstorbenen, den offenen Sarg mit Seide ausgeschlagen und alles mit vielen Blumen umgeben, ein wenig übertrieben, aber jedenfalls viel, viel besser als den gewaltsamen Tod, den ich im Krieg gesehen hatte. Offenbar als Entlastung für Tante Toni gingen wir zu Verwandten in Kallenhardt, die in einem wundervollen, alten, westfälischen

Bauernhaus lebten, Mensch und Tier, außer den Schweinen, alles unter einem Dach. Zu allerlei Tätigkeiten wurde ich herangezogen: Unkraut jäten, Fallobst auflesen und von Holzschuhen Dreck abkratzen. Einmal durfte ich aber auf dem ältesten Kaltblüterpferd vom Ort ins Tal herunterreiten, ohne Sattel mit gespreizten Beinen auf dem riesigen Gaul sitzend, der offenbar wusste, dass er keine falsche Bewegung machen durfte, damit der kleine Kerl von seinem breiten Rücken nicht herunterfiel. Meistens aber musste ich Kühe holen und auf die Weide zurückbringen. Nur die Kuh Olga war ein sanftes, kluges Tier, die anderen elf Kühe waren dumm und hektisch. Wenn eines der sehr seltenen, motorisierten Fahrzeuge oder irgendetwas Rätselhaftes die Kühe erschreckte, rannten sie weg, sogar ins Kornfeld. Einmal war ich verzweifelt, weil sie nicht zurückkamen. Ich hängte mich an den Hals der Olga und weinte, sie ging ruhig und gleichmäßig den Berg hinauf und kurz vor dem Dorf kamen schließlich die anderen Kühe zurück, reihten sich hinter der Olga und mir ein und gingen mit in den Stall.

In dem kalten Winter schlief ich oftmals mit im Bett von Onkel Jupp, dem Chefbauern, der manchmal brüllte, wenn irgendwas schief ging, aber eigentlich gutmütig war und in der Nacht Wärme abstrahlte. Wenn ich nachts heraus musste und von dem kalten Plumpsklo hinter dem Kuhstall zurückkam, habe ich mich immer an den Hals der Kuh Olga gelehnt und aufgewärmt, während sie im Stroh liegend gleichmäßig weiterkaute. Ich kann mich an Hunger, auch in dem kalten Winter, nicht erinnern: Es gab, falls nötig, immer ein „Rübenkrautbutterbrot" und einen Boskopapfel, im Keller gelagert, bis im Frühjahr die neuen Äpfel reif waren.

Der Aufenthalt in dem Bauernhaus war begrenzt, meine Mutter wollte wieder zurück nach Belecke und wir bekamen dort ganz in der Nähe des Hauses von Onkel Engelbert, der ja kürzlich verstorben war, eine recht gute Wohnung mit zwei geräumigen Zimmern im Haus eines pensionierten Steigers aus dem Ruhrgebiet, der sich seinen Alterssitz hier in Belecke eingerichtet hatte. Er liebte seinen Garten über alles und einmal bekam ich meinen Destruktionstrieb und zertrampelte ein liebevoll präpariertes Beet. Ich musste mich entschuldigen und war ganz erstaunt, dass er mich nicht ausschimpfte.

Aber es geschah noch etwas viel Schlimmeres: In einem weiteren großen Zimmer der geräumigen Villa wurde eine Mutter mit zwei Kindern aus Schlesien einquartiert. Das größere Kind, ein Mädchen, war etwa in meinem Alter. Ich wurde zu einem hinterlistigen Angriff auf das Mädchen überredet. Wir sollten mit ihr im nahen Wald spielen und bei einer günstigen Gelegenheit ihr Röckchen hochziehen und mit einem

Weidenstöckchen auf ihren Po schlagen. Die günstige Gelegenheit zu dieser scheußlichen Tat ergab sich bald: Meine Helferin zog dem Kind den Rock hoch und ich schlug mit dem Stöckchen auf ihren Po. Aber schon der zweite Hieb gelang nicht richtig, weil das Mädchen schrie und zu seiner Mutter rannte. Diese wiederum beschwerte sich bei meiner Mutter, die mich sogleich zur Rede stellte. Ich musste die Schandtat bestätigen und erwartete eine Tracht Prügel, die aber nicht erfolgte. Statt dessen musste ich mich bei dem Kind entschuldigen, das tat ich auch und schämte mich sehr. Noch immer schäme ich mich, und diese Tat geht mir nicht mehr aus dem Kopf.

Später, noch vor der Heiligen Kommunion, wurden wir dem Sakrament der Beichte zugeführt und ich beichtete meine Schandtat, die ich auch wirklich bereute. Als Buße sollte ich ein „Gegrüßet seist Du Maria!" beten. Das tat ich auch, sogar vor dem Seitenaltar der Kirche. Mein schlechtes Gewissen gab aber nicht wirklich Ruhe und zwang mich zu der Frage, ob eine so heimtückische Tat mit Hilfe eines kleinen Gebetes gesühnt werden kann, ob sie überhaupt vergeben werden kann. Eine gerechte Strafe jedenfalls, die ich auch akzeptiere, ist wohl die Tatsache, das mein Gewissen mich immer wieder an meine Schuld erinnert.

Was ist Religion?

„Religion" ist eine lateinische Vokabel. *Relegere* heißt nochmal lesen, zurückdenken, gründlich überlegen und schließlich sogar: Eine Überzeugung erarbeiten, um daran festzuhalten. Unser Lateinlehrer, Montsignore Altrogge versuchte vor vielen Jahren, uns zu erklären, wie die lateinische Sprache mit einem Minimum an Worten ein Maximum an Ausdruck und Inhalt erreicht. Wirklich begriffen habe ich das damals nicht, aber im Alter nach intensivem Zurückdenken und Überlegen, was Religion eigentlich bedeutet, habe ich doch hinzugelernt - bilde ich mir ein. Über einige Ergebnisse meines Zurückdenkens, das meine Religionen geprägt hat, möchte ich hier weiter berichten. Vielleicht lesen ja meine Kinder, Kindeskinder, einige junge und alte Leute meine Gedanken nach. Wie gesagt: *Relegere* bedeutet unter anderem: Zurücklesen, wiederholt lesen.

Jedenfalls haben die Religionen in vielen Jahrtausenden für die Menschen eine große, umfassende Bedeutung erlangt: Religion kann trösten, leiten, überzeugen und hinführen zu sozialem Verhalten, zu Kontemplation, Kultur und sogar zu der Nächstenliebe; sie kann aber auch Vorwand sein für Intoleranz, Hass, Gewalt und ganz besonders für den Krieg.

In den späteren Jahren ist mein Destruktionstrieb geringer geworden: Eine Fliege, die mich ärgert, schlage ich nicht mehr tot und wenn sie an der Scheibe des Wohnzimmerfensters vergeblich die Freiheit sucht, fange ich sie mit einem leeren Honigglas ein und lasse sie nach draußen, muss allerdings dabei zugeben, dass außer dem Überleben der Fliege auch noch die Scheibe sauber bleibt. Kürzlich habe ich versucht, drei Mäuse im Keller mit speziellen Fallen lebendig zu fangen. Als mir das nicht gelang, habe ich sie mit der üblichen Falle durch Genickschlag getötet und hatte ein schlechtes Gewissen. Ohne Skrupel töte ich aber Zecken, die gern bei mir anbeißen.

Über meine fachärztlichen Tätigkeiten habe ich nachgedacht: Die Gehirnoperationen beginnen in der Regel sehr invasiv: Man muss den Schädel öffnen, eine handwerkliche Tätigkeit, die zwar behutsam, aber auch kraftvoll, jedoch ohne Destruktionstrieb, zu leisten ist. Am Gehirn selbst sind kraftvolle Aktionen nicht adäquat. Im Bereich der Palliativmedizin ist kraftvolles Zugreifen in der Regel nicht angebracht, außer man hilft einen geschwächten oder gelähmten Kranken aufzurichten und zu bewegen. Insgesamt sollte jedenfalls bei ärztlicher Tätigkeit der Destruktionstrieb ausgeschaltet sein.

Rückkehr des Vaters

Im Herbst 1945 würde der Vater aus der Kriegsgefangenschaft nach Hause kommen erklärte die Mutter mehrmals, wusste aber zunächst keinen genauen Termin, bis es eines Tages plötzlich hieß: „Mit dem Nachmittagszug kommt er."

Ich freute mich riesig, aber meine Mutter wusste nicht genau mit welchem Zug und ich hatte Angst, ob wir den Vater dann auch sehen. Belecke war nämlich ein wichtiger, sogenannter Eisenbahnknoten: Zwei eingleisige Schienenstränge kreuzten hier, sodass zu bestimmten Zeiten immer vier Züge einfuhren und sich begegneten. Die Dampflokomotiven verqualmten die Bahnsteige auf denen die Menschen hektisch umher liefen, besonders viele dürre, schlecht gekleidete Männer.

„Sind entlassene Kriegsgefangene", murmelte die Mutter, als der Vater auf sie zuging und sie kurz umarmte. Dann schaute er mich an und ich erkannte ihn nicht. Nur langsam konnte ich mich an ihn gewöhnen: Er war abgemagert, nervös und wortkarg.

Abb. 3: Nach Ostern 1946 kam ich in die Schule, ein offensichtlich bedeutendes Ereignis, das meine Mutter mit einem Foto dokumentieren musste, zu dem Rita hinzugerufen wurde. Sie war nicht bereit ihren Knüppel wegzulegen, den sie fast immer bei sich hatte.

Meine Einschulung 1946 stand unmittelbar bevor; ich bekam bekam neue Kleidung, die meine Mutter dank ihrer Beziehungen organisiert hatte. Mir gefiel dieser Anzug überhaupt nicht; er war viel zu fein und zu sauber, aber die Mutter war total begeistert, sodass sie unbedingt ein Photo machen musste. Das war mir alles nicht geheuer; meine Bedenken und Ängste vor der Schule verstärkten sich angesichts dieses Aufwandes.

Zu dem Photo musste die Rita hinzukommen, das tat sie widerwillig und lehnte es kategorisch ab, den Knüppel, den sie draußen meistens bei sich trug, beiseite zu legen. Ich fand das ganz in Ordnung, zumal sie mit dem Knüppel niemals ein Tier oder ein Kind geschlagen hatte. Sie fühlte sich mit dem Knüppel sicherer, auch wenn der gar nicht so dick und schwer war, aber sie konnte sich doch zur Not damit verteidigen und auch in irgendeinem Dreck herumstochern.

Ich erlebte die Schule als bedrückenden Zwang: Die wieder erhitzte und dann angebrannte Speise konnte ich meistens nicht essen, obwohl sie angeblich von den Amerikanern kam. Schreiben lernte ich, Rechnen weniger und Singen gar nicht. Einmal sollte ich vorsingen: „Alle meine Enten". Es gelang mir nicht und der Lehrer sang mit der Melodie dieses Liedes laut vor all meinen Mitschülern und Schülerinnen: „Du kannst ja gar nicht singen, trallerallala."

Alle lachten und schrien vor Begeisterung, ich bekam einen heißen Kopf, war ganz unglücklich, stolperte auf meinen Platz und schämte mich besonders, weil doch meine verehrte Cousine, die ich schon erwähnte, in der Mädchenklasse war, mit der wir den Musikunterricht gemeinsam hatten. Vor zwei Jahren übrigens habe ich sie besucht und dieses Ereignis „aufgewärmt", sie konnte sich nicht daran erinnern. Prügel bekam ich in der Schule nicht, obwohl diese auch zur Anwendung kamen, musste aber wegen Unaufmerksamkeit und Zappeln bisweilen hinter der Tafel stehen. Der Winter war sehr kalt und manchmal rutschten wir auf dem Schulranzen den Berg hinab, sodass Schnee an die Schiefertafel geriet und die Schrift auslöschte. Schnee oder Wasser im Schulranzen versuchten wir auch manchmal als Ausrede für vergessene Hausarbeiten zu verwenden.

Meinem Vater ging es sogleich viel besser, als er eine Stelle am Finanzamt in Münster erhielt, aber es war immer noch schwierig, ihm Informationen über den Krieg und seine Rolle als Soldat zu entlocken. Er war bei der Luftwaffe, hauptsächlich in Frankreich, als Funker beim Bodenpersonal. Da er gut französisch sprach, wurde er von seinen Vorgesetzten oft als Dolmetscher eingesetzt. Geschossen hatte er angeblich nur einmal in dem Krieg, als der Zug, in dem seine Einheit saß, von Partisanen angegriffen wurde. Der Zug hielt an und der Befehl wurde gegeben, auf ein Waldgebiet zu schießen, in das sich die Partisanen zurückgezogen hatten, und mein Vater antwortete auf meine penetranten Fragen, dass er in die Baumwipfel geschossen habe.

Am Kriegsende in Deutschland geriet er in die Gefangenschaft der Amerikaner, die seine Einheit den Engländern übergaben und diese brachten die deutschen Soldaten in das Konzentrationslager Neuengamme bei Hamburg. „Dort haben wir gehungert, gefroren, Läuse und Flöhe bekommen", hatte er mir später mal erzählt.

Im Sommer 2006 habe ich eine Fahrradtour von Dresden nach Hamburg gemacht, fast immer an der Elbe entlang. Sehr eindrucksvoll fand ich die Gebiete der ehemaligen DDR. In Magdeburg beendete ich das Radfahren bei Nieselregen am frühen Nachmittag, suchte mir ein Hotelzimmer und betrachtete die Innenstadt, wo der Dom das Panorama beherrscht. Martin Luther hatte hier gepredigt und gelehrt, seine steinerne, strenge Gestalt steht gleich neben der riesigen Kirche und die Stadt war und ist noch das Zentrum der Reformation. Aus diesem Grund oder Vorwand wurde die Metropole an der Elbe im 30-jährigen Krieg von der Katholischen Liga verbrannt und die allermeisten Bewohner wurden umgebracht.

Im zweiten Weltkrieg, wenige Wochen vor Dresden, hatten die alliierten Bomber der Stadt den Garaus gemacht. Aber die Menschen haben die geschichtsträchtigen Kirchen, Denkmäler, Gebäude und Anlagen wieder errichtet und soweit ich das begriffen habe, ist hier ein evangelischer sowie auch ein katholischer Bischofssitz.

Da ich trotz der Besichtigungen fleißig getrampelt hatte, erreichte ich Hamburg ein wenig früher als geplant. Beim Blick auf die Landkarte sah ich „Neuengamme" eingezeichnet; das erinnerte mich an den Bericht meines Vaters und ich beschloss, dieses ehemalige KZ zu betrachten: Es war Sonntag. Das Gelände war trotz Mauer und Stacheldraht zugänglich, aber alle Gebäude und auch die Baracken waren geschlossen. Die kleine Kirchenbaracke, in der Mitte des großen Areals, fiel mir auf. Sie hatte einen hölzernen, überdachten Vorbau, der Kirchraum selbst war verschlossen. Da sehr wenige Leute umhergingen und Nieselregen einsetzte, schob ich mein Fahrrad in diesen Vorbau, nahm eine kleine Mittagsmahlzeit ein, legte mich dann auf die Holzdielen und dachte an meinen Vater: Er war 37 Jahre alt, als er hier eingesperrt war und wusste überhaupt nicht, wie sein Leben weitergehen könnte. Er hatte damals keine Perspektive gehabt, während ich, jetzt mit 66 Jahren, noch im Krankenhaus tätig, eine umfangreiche berufliche Karriere hinter mir hatte.

„Hat der damals ein Glück gehabt...Und ich habe davon profitiert", murmelte ich nachdenklich vor mich hin und schlief ein.

Eine besorgte Frauenstimme weckte mich aus sanftem Schlummer: „Komm da weg!" Ganz offensichtlich hatte die aufmerksame Mutter ihren neugierigen, kleinen Sohn von dem da liegenden, obdachlosen Penner weggerufen. Ich musste grinsen, packte meinen Proviantrest ein, schwang mich aufs Rad und fuhr nach Hamburg zur Blumenau, wo mir mein Schwiegersohn entgegenkam, der lachte und meinte: „Die Damen sind in die falsche Richtung gegangen."

Die „Damen", meine Tochter mit ihrer Tochter auf dem Arm, hatten aber bald die richtige Richtung erwischt und begrüßten mich, wobei ich mir schnell mit dem Handrücken eine Träne von der Wange wegwischen musste.

Vor vier Jahren war mein Vater gestorben, nach erfolgreicher Karriere als Finanzjurist und Familienvater mit zwei Kindern fünf Enkel- und einem Urenkelkind. Das hatte er 1945 im KZ in Neuengamme nicht geahnt, genau so wenig, wie ich 1946 geahnt hatte, dass ich nach der Katastrophe dieses Krieges und seines hautnah erlebten Endes mit der Bombennacht in Dresden so viel Glück haben würde.

Anfang des Jahres 1946 hatten meine Eltern in Handorf, sechs Kilometer östlich von Münster, eine geräumige, schöne Wohnung gefunden. Also wurde mal wieder umgezogen, aber diesmal mit einem richtigen Möbelwagen, der auch tatsächlich ganz vollgepackt wurde. Meine Mutter und Rita durften im Führerhaus sitzen, bei dem Fahrer und den Möbelpackern. Mein

Vater und ich mussten hinten, in dem Möbelpackraum auf dem Sofa sitzen und als die Tür geschlossen wurde, war es eng und völlig dunkel. Ich hatte Angst und lehnte mich an meinen Vater, sonst hätte ich das nicht ausgehalten, sondern dauernd um Hilfe geschrien. Er redete mir Mut zu und erzählte mir antike Sagen, die er großzügig ausschmückte und verlängerte. So konnte ich die lange Fahrt aushalten, zumal es auch Pausen gab.

Diese Pausen fand ich auch deshalb besonders wichtig, weil ich beobachten konnte, dass wir aus dem bergigen Sauerland in die flache münsterische Tiefebene kamen - also in ein anderes Land.

Im Münsterland

Die neue Wohnung war in einem von fünf recht guten Häusern, die für Wehrmachtsoffiziere gebaut worden waren. Im Nachbarhaus wohnte ein elegantes, älteres Ehepaar. Der Mann war im ersten Weltkrieg Fliegeroffizier gewesen. Sie luden mich in ihre Wohnung ein, die Frau gab mir Himbeersaft und Plätzchen und der Herr Oberst a. D. zeigte mir Bilder von seinem Doppeldecker und zahlreiche Orden, Ehrenzeichen und kleine Kreuze an der Wand im Wohnzimmer. Aber es waren nicht nur seine Orden und Kreuze, sondern auch die seines Sohnes – für jeden Abschuss ein Kreuz. Als er mir das erklärte, weinte die Frau, weil der Sohn jetzt, im zweiten Weltkrieg, gefallen war. Ich fühlte mich in meiner Haut nicht wohl und dachte an die feindlichen Flieger, die in den abgeschossenen Flugzeugen gestorben waren und deren Mütter wohl jetzt in England weinten. Ich bedankte mich artig für Himbeersaft und Plätzchen und streunte noch ein wenig in der Gegend umher, froh, dass es keinen Krieg mehr gab. Als die Leute mich nochmal einluden, hatte ich reichlich Entschuldigungen abzusagen; ich sollte nämlich Messdiener im Kamilluskolleg werden. Meine Mutter wollte das absolut und dazu war es erforderlich, kirchliche Texte in lateinischer Sprache auswendig zu lernen.

Entsetzlich schwer war das *suscipiat* und meine meine Mutter zwang mich gnadenlos, bis ich diesen Text wirklich fehlerfrei „herunterbeten" konnte, ohne die lateinischen Worte zu verstehen. Ich sollte nämlich Messdiener im Kamilluskolleg werden, da meine Mutter von dieser Einrichtung sowie den *patres* und *fratres* völlig begeistert war. Das gelang auch und ich war schon Messdiener bevor der eigentliche Kommunionsunterricht in der Schule begann. Der Pfarrer erläuterte uns die Heilige Messe mit der Verwandlung des Weines in das Blut Christi und der Wandlung des Brotes in seinen Leib. Die Vorgänge wurden klar erläutert und obwohl ich ja schon Messdiener war und dem Priester vor der Wandlung den Weißwein in den goldenen Kelch gießen durfte, hatte ich den Wein nach der Wandlung nicht gesehen und fragte darum, ob der Wein nach der Wandlung denn auch rot sei.

„Nein", musste der Pfarrer eingestehen. „Der Wein bleibt weiß und es ist das Wunder der Heiligen Wandlung, an die wir in Ehrfurcht glauben."

Ich war nicht wirklich zufrieden mit der Antwort, hatte aber mit der Hostie kein Problem, auch wenn diese nicht zu Fleisch wurde.

Jedenfalls war ich dauernd in der Pflicht: Schule, allerlei Dienste zu Hause und Messdiener im Kamilluskolleg, ein Ende war nicht abzusehen. Umherstreunen im schönen Münsterland war nur selten möglich, aber ich habe eine gute Begebenheit in Erinnerung: Rita und ich sollten Brombeeren suchen. Wir hatten Glück, fanden einen Busch mit wunderbaren, dicken schwarzen Beeren, die wir reichlich gepflückt hatten, als zwei Buben, etwa in unserem Alter, daherkamen und sich beklagten, dass wir ihnen alle die schönen Beeren vor der Nase weggeklaut hätten. Der etwas größere Junge zeigte mir seine Konservendose: „Die machst du jetzt voll!", verlangte er.

Ich hatte Angst, Rita ergriff ihren Knüppel stellte sich neben mich, sie hatte keine Angst, der etwas kleinere der Buben murmelte irgendwas von noch besseren Brombeeren an einem anderen Busch und die beiden zogen ab.

Meine Mutter bereitete die erste Heilige Kommunion als ein bedeutendes Familienfest vor: Es wurde ausnahmsweise gar nicht gespart und das Mittagessen gedieh zu einem Festmahl; ich fand das alles etwas übertrieben und versuchte nicht allzu sehr im Mittelpunkt zu stehen.

Abb. 4: Das Foto unserer Familie nach meiner ersten Heiligen Kommunion in Handorf bei Münster hat Onkel Fritz, der zweite Bruder meiner Mutter, gemacht.

In der vierten Klasse der Volksschule hatte ich im Unterricht geschwätzt und gelacht. Die Lehrerin, die ich eigentlich verehrte und bewunderte, rief mich vor die Klasse und schlug mir mit einem Stock in den geöffneten Handteller, in dem ein roter Strich noch drei Tage lang zu sehen war. Ich verehrte sie nicht mehr, wollte irgendwie von der Schule weg und war dann motiviert, ins Gymnasium zu kommen, was auch gelang. Aber ich musste früh mit dem Autobus, der mit Menschen vollgestopft war, die oft schlecht rochen, besonders, wenn die Kleidung vom häufigen Regen nass war, sechs Kilometer nach Münster fahren und dann noch eine halbe Stunde bis zum Gymnasium laufen. Also jammerte ich solange herum, bis ich ein Fahrrad bekam (¾ Größe), der Befreiungsschlag! Ich war gerettet. Der Freiheitsgewinn war phantastisch. Ein guter Schüler wurde nicht aus mir; das einzige Fach, das mich wirklich fesselte, war die Biologie, die aber leider als unwichtiges Nebenfach galt und weit hinter Latein, Deutsch und Mathematik rangierte, Fächer, die ich mit mäßigen Noten bewältigte.

1952 fanden wir eine Wohnung in Münster: Der Schulweg war viel kürzer. Ich durfte in den Bund Neudeutschland, katholische Jugendbewegung, eintreten. Wanderungen, Fahrten und Gruppenabende mit Diskussionen fand ich sehr wichtig und lehrreich, besonders auch für eine kritische Auseinandersetzung mit der jüngsten Vergangenheit unseres Deutschen Volkes, dem Nationalsozialismus, dem brutalen Krieg und dem mörderischen Rassenwahn. Als Kind hatte ich ja schon viel gesehen und erlebt von dem absurden Wahnsinn des sogenannten Dritten Reiches. Ganz in der Nähe unserer neuen Wohnung war das Gertrudenhofkino. Dort wurde damals ein Film über die Befreiung der Konzentrationslager gezeigt. Ich wollte diesen

Film unbedingt sehen, obwohl mein Vater mir abriet: „Da werden ziemlich schreckliche Dinge gezeigt, das musst du dir doch nicht antun. Wir können ja einen Abendspaziergang machen. Ich erzähle von meinen Kriegserlebnissen und wir diskutieren darüber."

Ich bat den Vater, er solle mich doch bitte ins Kino lassen, mir ein anderes Mal von seinen Erlebnissen berichten, zumal ich skeptisch war, weil er ungern darüber sprach. Er grantelte noch wegen meiner Hartnäckigkeit, ließ mich aber gehen und es wunderte mich, dass meine Mutter nur sagte: „Ich gehe nicht in den Film", ansonsten aber keine Stellung bezog.

Ich war damals 13 Jahre alt, habe den eineinhalbstündigen Dokumentarfilm angeschaut und bin heulend, fassungslos nach Hause getrottet. Die Eltern sahen und spürten, wie betroffen ich war, sie machten mir aber keine Vorwürfe, dass ich trotz Abraten und Warnung in diesen Film gegangen bin und sie fragten mich auch nicht, wie es denn wohl gewesen sei in dem Kino. Offenbar konnten sie sich das doch irgendwie vorstellen. Meine Mutter war schweigsam, kochte Pfefferminztee, der würde beruhigen, meinte sie und der Vater trank auch eine Tasse.

In der Schule ging es mir ausreichend gut, aber Rita bekam mit 12 bis 13 Jahren doch so erhebliche Schwierigkeiten, dass sie nicht versetzt wurde. Meine

Eltern, speziell unsere Mutter, betrachtete das offensichtlich als eine solche Katastrophe, dass die Rita in ein Internat irgendwo bei Bielefeld expediert wurde. Ich war ganz unglücklich und machte den Eltern Vorhaltungen. Ob die dazu beitrugen, die Situation zu verbessern, weiß ich nicht, aber Rita kam wenigstens in das Internat mit Gymnasium der Schwestern von der Göttlichen Vorsehung am Stadtrand von Münster.

Also war Rita nicht mehr zu Hause, außer in den Ferien oder bisweilen am Wochenende. Meine Mutter hatte eine Verehrung zu einem Kamillianerpater aufgebaut, der bisweilen bei uns wohnte. Er trat aus dem Orden aus, blieb aber ein sehr frommer Priester, war auch an der Universität tätig und wollte Professor werden, das gelang nicht, er wurde Krankenhausseelsorger. Da meine Mutter dringend sechs Wochen Erholung in der Schweiz brauchte und mein Vater keine Zeit hatte, durfte ich bei dem Pater Krankenhausseelsorger wohnen. Ich wurde gut versorgt, der Pater kontrollierte meine Schularbeiten und übte mit mir Latein, sodass ich ich doch tatsächlich einmal auf dem Zeugnis „befriedigend" erhielt.

Schließlich wurden die Verhältnisse bei uns daheim wieder normal und meine Note in Latein sank wieder auf „ausreichend" jedenfalls zu Ostern. Die Rita schimpft heute noch auf den Pater: Er habe sich zu sehr meiner Mutter gewidmet und das Verhältnis meiner Eltern zueinander, das ohnehin etwas verklemmt war, auch nicht gerade verbessert.

Der Zwang, Messdiener zu sein, bestand weiter und ich wurde sogar Dommessdiener. Das bedeutete unter anderem etwa einmal im Monat eine Woche lang jeden Morgen um sechs Uhr nüchtern im Dom ministrieren bei einem Prälaten am Seitenaltar zur Feier einer kurzen Morgenmesse ohne Predigt, meist auch ohne Publikum, aber mit klarem Durchziehen des Rituals: Lateinische Antworten und Gebete, Messbuch auf die andere Seite des Altars tragen, dem Priester Wasser über die Finger tröpfeln, Kommunion empfangen und den Schlusssegen. Dann schnell nach Hause, Kaffee trinken, Brötchen essen, zur Schule rasen, natürlich alles mit dem Fahrrad. Mein Freund Wilfried war auch Dommessdiener und Mitglied im Bund Neudeutschland.

Außer den Gruppenabenden gefielen uns besonders Wanderungen und Fahrten mit Zelten im freien Gelände: Unser Fähnleinführer, etwa drei Jahre älter als wir, war sehr fromm. Jeden Morgen gingen wir im nächsten Ort zur Messe, erst danach war das karge Frühstück möglich. Wir radelten durch die münsterische Ebene ins Sauerland, zelteten am Möhnesee, badeten in dem herrlichen Gewässer, saßen abends am Lagerfeuer, unterhielten uns über Gott und die Welt und besonders auch über die unbewältigte Katastrophe der

Nazizeit. Das Thema hatte im Bund ND besondere Bedeutung, weil der Bundesbruder Willi Graf zur Weißen Rose gehört hatte und zusammen mit Sophie Scholl und anderen von den Nazis ermordet worden war.

Die Radtour im Sauerland bot mir die Möglichkeit nach dem Gefangenenlager oder KZ zu schauen, das ich als fünfjähriger Bub (siehe oben: S. 23!), gesehen und erlebt hatte. Trotz gründlicher Suche konnte ich nichts entdecken. Inzwischen habe ich im Internet studiert und gelesen, dass es ein KZ bei der Wewelsburg gegeben habe, das aber von den Nazis selbst schon 1943 aufgelöst worden sei…

Diese Angabe im Netz (siehe Stichwort „Wewelsburg") ist mir bislang unverständlich, zumal ich die auf S. 23 geschilderte Szene noch sehr genau in Erinnerung habe.

Studentenzeit

Das Abitur bestand ich mit ausreichenden Noten, zur Bundeswehr musste ich nicht wegen Kurzsichtigkeit und nach einigem „Hin und Her" entschloss ich mich für die Medizin, zumal ich beim Studium des Lehrplans feststellte, dass man sich in den ersten Semestern viel mit Biologie beschäftigen und auch sogleich ein Praktikum in Krankenpflege absolvieren musste. Das machte mich neugierig und bald hatte ich das Gefühl, dass solche Studieninhalte und Tätigkeiten für mich gut sein würden. Von der Dommessdienerei verabschiedete ich mich, es wurde mir einfach zu viel und den Ausschlag gab eine Übungsveranstaltung für ein sehr wichtiges Pontifikalamt. Der für uns Messdiener zuständige Prälat war mit mir unzufrieden, weil ich nicht würdevoll genug gehen konnte. Meinen Versuch, zu schreiten, quittierte er mit einer ironischen Bemerkung. Ich war sehr verärgert und zog mich von dem Dienst zurück.

Im vorklinischen Studium fand ich die mikroskopische Anatomie wunderbar, wir bekamen die Präparate, konnten uns stets ein Mikroskop ausleihen und studieren, Zoologie und Botanik waren auch interessant, aber Nebenfächer. Physiologie war spannend und schwierig; in Anatomie war der Sektionskurs scheußlich, außerdem musste man viel auswendig lernen.

Letzteres war auch in Biochemie der Fall, wobei ich die Inhalte des Faches oft nicht verstand. Die Arbeit im Krankenhaus gefiel mir so gut, dass ich außer im vorgeschriebenen Praktikum noch als Hilfspfleger tätig wurde. Das Physikum bestand ich mit ausreichenden Noten und bearbeitete meine Eltern, dass ich unbedingt die weiteren klinischen Semester anderswo studieren müsste, nicht mehr in Münster. Die Überzeugungsarbeit war mühselig, aber schließlich erfolgreich: Nach einem Sommersemester in Kiel tätigte ich eine Voranmeldung in Würzburg für das nächste Wintersemester.

Für die Ferien hatte ich noch nichts geplant, als mein Vetter Hannes anrief, sein Vater, der uns damals aus Dresden mit dem Holzgasauto abgeholt hatte, würde uns sein Zweitauto, ein Citroen 2 CV, leihen und wir könnten mal nach Jerusalem fahren. Ich war begeistert, hatte dank meiner Tätigkeit als Hilfspfleger auch noch etwas Geld übrig, und los gings: Mein Vetter, Architekturstudent, 20 Jahre, ich Medizinstudent, erstes klinisches Semester, 22 Jahre, fuhren durch Deutschland nach Süden, durchquerten Jugoslawien, erreichten Griechenland, landeten auf einem Campingplatz, schliefen nicht im Auto, wie in den Nächten davor, sondern unter freiem Himmel auf unseren Luftmatratzen, eine Methode, die wir dank wunderbarer Konditionen bis zum Ende unserer Reise fortsetzen konnten.

In Athen haben wir Spaziergänge gemacht, auch die Akropolis und das Nationalmuseum besucht und sind dann mit der Autofähre hinübergetuckert nach Izmir. Von dort fuhren wir mit unserem hervorragenden Auto an der kleinasiatischen Südküste entlang, auf einer Schotterstraße, wo uns selten ein Fahrzeug, Jeep, Eselskarren bisweilen ein Reiter auf seinem Maultier und einige Fußgänger begegneten. In den Ortschaften konnten wir auf den Marktplätzen gutes Essen kaufen, das Meer lud zum baden ein und die kleinen Buchten an der Küste zur Siesta und zum Übernachten. Schon in dieser paradiesischen Landschaft hatte ich das Gefühl, dass ich in meinem Leben nur einmal hier sein würde. Bei Tarsus bestand die Landschaft allerdings weitgehend aus Maisfeldern, sodass wir keinen Platz zum Übernachten fanden, der uns gefiel. In einem kleinen, armen Dorf konnten wir das einem Mann klarmachen, der etwas Englisch verstand. Er nickte und grinste wohlwollend und wir wurden auf dem Dach einer winzigen Moschee, gleich neben einem etwa mannshohen Holztürmchen, offenbar dem Minarett, „einquartiert". In einem kleinen Bauernhaus durften wir bei einer Familie an deren bescheidenem Abendessen teilnehmen. Wir bedankten uns artig, das wurde auch verstanden und anerkannt. Danach zogen wir uns auf den angewiesenen Übernachtungsplatz neben dem Minarett zurück, als der Ortswächter mit einer Art Gießkanne voll Wasser kam und uns klarmachte, dass wir uns erfrischen konnten, indem er einen zarten Wasserstrahl auf unsere Hände laufen ließ. In der Nacht feuerte der Mann aus seinem alten Gewehr jede Stunde einen Schuss ab, vielleicht um wildernde Hunde zu erschrecken, oder einfach um den Ablauf der Stunde anzuzeigen, wir wussten es nicht, waren aber trotzdem gut ausgeschlafen und als wir abfuhren, standen die Leute an der Straße und winkten.

Wir bestaunten und bewunderten Damaskus und Aleppo, bildschöne Städte, deren geheimnisvolle, fremdländische Atmosphäre mich zutiefst beeindruckte. In die Moscheen durften wir hineingehen und hockten uns ganz brav hinten im Raum auf den Boden und ließen die Räume auf uns wirken. In der Halbwüste Palästinas konnten wir unter dem Vordach eines Beduinenzeltes übernachten. Fotografisch hat mein Vetter eine Begegnung mit den Einheimischen festgehalten, die uns auf sehr fragwürdige Weise bewunderten: *„Oh, you are German people, strong people, you killed six million Jews, and we will kill the rest!"* Ich habe mich sehr geschämt. (Gruß, P. 2012)

In Jerusalem spürte ich die Dynamik der Religionen, fühlte mich aber emotional nicht betroffen, allenfalls skeptisch, da die Geschichte eindrucksvoll lehrt, was die Heilige Stadt und ihre Bewohner schon alles erlitten hatten. (Gruß, P. 2015) Jetzt herrschte, aus der Sicht des Touristen einigermaßen Ruhe im Heiligen Land, aber ich fragte mich, wie lange noch, zumal wir bei unserem Ausflug zum Toten Meer von schwarz gekleideten, verschleierten Frauen beschimpft und mit einigen Steinen beworfen wurden. Wirklich gefährlich waren die allerdings nicht und wir konnten in Ruhe weiter nach Süden fahren.

Vor dem Eingang in die schmale Schlucht, die zu der ehemaligen Stadt Petra führt, war zwar ein etwas verwittertes Schild angebracht mit der Aufschrift: *„Stop for recording!"* Aber es war keine Menschenseele weit und breit zu sehen, also besichtigten wir die großartigen Monumente, Grabmäler und Tempeleingänge in den roten Felsen der früher bedeutenden Stadt, jetzt trostlose Wüste. Auf dem Rückweg wurden wir von der jordanischen Armee gefangen genommen: Das Gefängnis war ein kleines Blockhaus, nicht verschlossen, daneben die landesübliche Duschanlage, Benzinkanister voll Wasser mit angelötetem Duschkopf, in Augenhöhe an einen Pfosten montiert - und ein Plumpsklo. „Was will man mehr?", dachte ich und der Gedanke war richtig, zumal wir am nächsten Morgen frei gelassen wurden, nachdem wir den Eintritt in die alte Felsenstadt gezahlt hatten. Die wiedererlangte Freiheit nutzten wir zur Fahrt durch die einsame, sandige Landschaft nach el Akaba am Roten Meer, in dem wir schnorcheln und die Unterwasserlandschaft bestaunen konnten.

Den Rückweg haben wir über Amman und Ankara bewältigt, noch viel gesehen und erlebt, nicht zuletzt die Hagia Sophia in Konstantinopel, bis wir schließlich mit unserem Gefährt rechtzeitig in Westfalen ankamen.

Von Münster begleitete mich meine Mutter in die ungewisse Fremde nach Würzburg zum zweiten Semester des klinischen Studiums in der berühmten Universität, wo zum Beispiel W. C. Röntgen die Strahlen entdeckt, Virchow Einblicke in die Zellularpathologie gefunden und Kölliker wichtige Erkenntnisse in Anatomie gewonnen hatte. Meine Mutter war sehr besorgt, wo ich denn wohnen könnte und wenigstens etwas beruhigt, als ich tatsächlich im ehemaligen Kloster Mariannhill ein Zimmer bekam, wo wegen des krassen Mangels an Theologiestudenten Studierende aller Fakultäten wohnen konnten. Obwohl die Freiheitsräume für mich jetzt erweitert waren, ging ich dort, auch der Tradition entsprechend, fast jeden Sonntag zur Messe, empfing auch die Kommunion, sparte mir aber das Bußsakrament. Abends hockten wir, Studenten verschiedenster Fachrichtungen, gern zusammen, tranken Bier und diskutierten oft bis nach Mitternacht, sodass ich morgens bisweilen die erste Vorlesung ausfallen ließ. Außerdem lernte ich meine schöne Frau kennen und lieben, damals stud. rer. pol., jetzt eigentlich Alroundgenie. So ist es wohl verständlich, dass mein Studium, in dem ich mich besonders für die Neurochirurgie interessierte, ein Semester länger dauerte.

Die Zeit habe ich aber auch genutzt: Eine experimentelle Promotionsarbeit habe ich angenommen, die viel Zeit und Geduld erforderte, zumal mein Doktorvater erst mit der dritten Fassung einigermaßen zufrieden war, weil ihm schon wieder neue Ideen einfielen. Außerdem war ich eine Art „Dauerfamulus" in der Neurochirurgie und habe oft bei den Operationen zugeschaut und später dann auch als „Hilfsassistent" mitgewirkt.

Meine Frau hatte ihr Examen ein Semester vor mir bewältigt und war in Stuttgart an einem Marktforschungsinstitut tätig geworden und ich bekam sogleich nach meinem Examen eine Medizinalassistentenstelle für Innere Medizin im Bürgerhospital nicht weit vom Stuttgarter Hauptbahnhof entfernt.

Familienvater und Krankenhausarzt

Wir heirateten standesamtlich in Stuttgart, im November 1965, da hatte sich schon der „Sommerschatz" (den Terminus hatte sich meine Schwester ausgedacht) angemeldet, dessen Geburt wir für den Juli erwarteten. Die kirchliche Trauung fand in Königshofen im Grabfeld statt, am zweiten Weihnachtsfeiertag während der Messe in der großen, gotischen Kirche, in der es eiskalt war, trotz der vielen Menschen, die auch neugierig waren, weil die Tochter des stadtbekannten Studiendirektors, Heimatforscher und ehemals Kirchenchorleiter, heiratete. Bei der anschließenden kleinen Feier im Haus meiner Schwiegereltern bemerkte meine Mutter den sündhaften Betrug: „Ist deine Frau schwanger?", fragte sie und statt sich zu freuen, war sie existentiell verärgert und enttäuscht. Ich war beleidigt, dann erleichtert, dass wir noch am Abend mit dem Autobus in unser geliebtes Würzburg zurückfahren konnten.

Der „Sommerschatz" wurde dann in Annweiler am Trifels geboren, ein bildschönes Kind, wie meine Mutter begeistert feststellen musste – ohne freilich unsere sündhafte Tat vor neun Monaten zu vergeben und das Urteil über ihre Schwiegertochter zu ändern.

Meine Familie entwickelte sich sehr, sehr gut: Wir bekamen noch einen Sohn mit braunen und eine Tochter mit blauen Augen. Nach einigen Lehr- und Wanderjahren konnten wir wieder in unserem geliebten Würzburg Fuß fassen. Die Mitglieder der jungen Familie waren dynamisch und erfolgreich. Meine Frau umsorgte uns alle, betreute die Kinder, half ihnen dann bei den Schulaufgaben und studierte nebenbei noch Kunstgeschichte. Ich wurde Neurochirurg, war in der Kopfklinik tätig und erlangte sogar akademische Würden. Im Jahr des Herrn 1982 rief mein Chef mich in sein Zimmer: „Herr Gruß, sie sind doch katholisch, bewerben sie sich mal in Regensburg. Dort sucht das Krankenhaus der Barmherzigen Brüder einen Neurochirurgen", erklärte er und wies mich auf die Anzeige im Ärzteblatt hin, die ich nicht gesehen hatte.

Also schickte ich meine Bewerbung an den Pater Prior des Krankenhauses, der mich zu einem Gespräch empfing. Er war recht leutselig, sprach über seinen Orden, die Fortschritte seines Krankenhauses und meinte: „Ja, Herr Gruß, sie haben ja einen umfangreichen Operationskatalog und gleich zwei Professor-Urkunden und sie sind katholisch; aber wir können auch einen Evangelischen nehmen. Der war schon hier, hat auch viel operative Erfahrung und sechs Kinder."

„Ja schön, Pater Prior," antwortete ich, „nehmen sie

ruhig den evangelischen Kollegen, mir gefällt es in Würzburg sehr gut, ich habe eine C-3-Professur und bin dort weder künd- noch versetzbar."

Er ruderte schnell zurück und sprach von dem riesigen Gebiet, für das eine Neurochirurgie an seinem Krankenhaus zur Verfügung stehen würde, denn die nächsten neurochirurgischen Kliniken seien in Erlangen, Nürnberg und München. Also wurde ein Vertrag geschmiedet und es war ein schwerer Weg von Unterfranken nach Ostbayern. Der Einzige, der bei unserer Abfahrt vom schönen, kleinen Haus in Oberdürrbach bei Würzburg nicht geweint hat, war unser Hund, der unverdrossen sogleich an die Laternen in Kareth-Lappersdorf seine Duftmarken gesetzt hat. Schließlich haben auch wir Menschen uns durchgekämpft (siehe auch Gruß, P. 2012!).

Als ich 61 Jahre alt war, zu allem Überfluss auch Ärztlicher Direktor und als solcher Mitglied des Direktoriums, erklärte der Gesamtleiter, im Krankenhaus solle eine Palliativstation eingerichtet werden, der Orden wolle das. Leider war, angeblich aus Personalmangel, kein Ordensmann im Direktorium, sodass die Diskussionen kein Ende nahmen. Also fuhr ich nach München; der Ordensbruder, der mich vor fast 20 Jahren als Neurochirurgen eingestellt hatte, residierte in einem Seitengebäude des Nymphenburger Schlosses und war als Provinzial zuständig für alle Einrichtungen des Ordens der Barmherzigen Brüder in Bayern. Ich erklärte ihm, dass ich die neu einzurichtende Palliativstation ärztlich betreuen wolle. Nach einigem Hin und Her und einer Hospitation in dem Münchener Johanneshospiz durfte ich die Schwerstkranken und Sterbenden in der Regensburger Palliativstation als Palliativarzt versorgen. Diese Tätigkeit habe ich sehr gern ausgeübt: Wie es den Pflichten des Palliativmediziners entspricht, betreute ich die Kranken, bei denen Heilung nicht mehr möglich, aber Linderung ihrer körperlichen und seelischen Leiden eine wichtige und sehr dankbare Aufgabe ist. Während die Neurochirurgie oft besonders invasive und riskante Maßnahmen erfordert, die auch nicht immer gelingen, ist bei der Paliativmedizin ein causaltherapeutisches Vorgehen nicht mehr indiziert, sodass der Arzt wirkliche Misserfolge nicht fürchten muss und seine Belastung durch superinvasive, operative Medizin nicht vorhanden ist.

Bis zum 31.12.2006 habe ich die neu eingerichtete Station ärztlich betreut. Nach fünf Jahren also wurde ich mit Dank entlassen und seitdem bin ich ein sogenannter Rentner, dessen Rat immer weniger gebraucht wird.

Pensionist mit viel Zeit

Ein Krankenhausarzt muss fast nie darüber nachdenken, was er nun tun soll, sondern eher darüber, wie und wann er die Arbeit, welche auf ihn zukommt, bewältigen kann. Denn auch für den Neurochirurgen ist ein großer Teil der Arbeit vorgegeben: Die Kranken kommen und müssen betreut werden. Dann liegt ein Wochenplan vor mit verschiedenen Operationen. Die Sprechstunde mit Beratung ist wichtig: Meistens sieht der Kranke sich mit seinen Leiden als Zentrum des Kosmos und er erwartet von dem Arzt ungeteilte Zuwendung. Außerdem gibt es Notfälle zu jeder Zeit, die plötzlich versorgt werden müssen und dadurch Planungen durcheinander werfen.

Die Aufgabenstellung ist in der Palliativmedizin deutlich anders: Unheilbar Kranke muss man trösten und deren Leiden lindern „Symptomkontrolle", die Angehörigen soll man beruhigen soweit möglich, mit den Schwestern ausführlich sprechen und einen Medikamentenplan erstellen. Wird man aber nun ein Rentner, ist das alles von einer zur anderen Minute vorbei.

Darum hatte ich großen Respekt, sogar ein wenig Angst, wie ich mit all der Freizeit, die ich nun als Rentner haben würde, umgehen und sie sinnvoll verbringen könnte. Oft hatte ich schon an eine Pilgerfahrt nach Santiago gedacht und erzählte meiner Frau von dieser Idee. Sie war positiv nachdenklich und meinte: „Da würde ich ja ganz gerne mitmachen."

Also beschlossen wir, beide zusammen mit dem Auto und meinem Fahrrad im Kofferraum nach Santiago zu fahren: Das wurde eine interessante Tour, meine Frau war ganz angetan von der Pilgerfahrt und begeistert von Santiago, wo wir auch das Grabmal des Heiligen Jakobus besuchten, vor dem ganz besonders die goldene Statue des Apostels die Pilger anzieht, die alle mit der Hand über seine große Zehe streicheln wollen. Die Zehe ist vom vielen Streicheln schon ganz abgewetzt. Obwohl insgesamt wegen der Jahreszeit, Anfang März, nicht allzu viele Pilger in Santiago weilten, war die Schlange der Streichelwilligen nicht gerade klein und ich wunderte mich, dass meine Frau, bei der immer alles flott gehen muss, sich hier geduldig einreihte, während ich hinten in der Kathedrale auf einer Bank hockte und wartete, bis sie kam und zufrieden berichtete: „Ich habe dem Heiligen die Zehe gestreichelt."

„Und?", fragte ich.

„Und gebetet, dass unser drittes Enkelkind so gesund und schön wird, wie die beiden ersten", flüsterte sie mir zu.

Nach den wunderschönen, gemeinsamen Tagen in

Santiago bepackte ich das Fahrrad, meine Frau fuhr flott gen Westen und ich radelte auf dem Pilgerweg, wobei ich mir unter anderem Gedanken machte, ob meine Rückwärtspilgerfahrt wohl ein Ziel hätte und was für ein Ziel das sein könnte. (siehe Gruß, 2009!)

Obwohl ich mich zwei Mal verfahren habe, kam ich doch recht gut vorwärts und als ich im westlichen Randgebirge des Rhonetals in einem kleinen Wald bei Andancette abends das Zelt aufgebaut hatte, klingelte plötzlich das Handy. Meine Tochter erkundigte sich, wie es mir wohl gehen würde, ob ich denn auch vorwärts käme.

„Strampel nur schön!", meinte sie und lachte. „Dein Enkelkind strampelt nämlich auch schon recht gut."

Wir wünschten uns gegenseitig viel Glück, das uns auch hold war, denn das dritte Enkelkind wurde so schön und gesund, wie die beiden vor ihm.

Schon im Lauf der ersten Jahre des Rentnerlebens haben sich dann doch einige Beschäftigungen, z. B. Vorträge über Palliativmedizin und auch private Verpflichtungen ergeben. Zum Beispiel habe ich es übernommen, unser kleines Ferienhäuschen am *Lago Maggiore*, das meiner Schwester und mir gehört, im Frühjahr als erster zu besuchen: Nachsehen, ob im Winter keine Schäden entstanden sind: Einbruch, Rohrbruch, Wasserschaden, Baum umgekippt usw...

Eine Woche plante ich für diese Visite ein und hatte dabei auch etwas Freizeit zum Nachdenken, Spazierengehen, Lago-Wasser testen und die wundervolle Gegend betrachten. Ende März 2014 ging ich den Fußweg zum See hinab, um das Wasser zu erproben und bewunderte wieder eines der Häuser auf halbem Weg, an dessen Wand über der Haustür in eleganten Lettern geschrieben stand: „*Vocatus atque non vocatus Deus aderit.*" (Gerufen und auch nicht gerufen Gott wird da sein.)

Auf dem Rückweg lernte ich den Besitzer dieses Hauses kennen, Herrn Dr. Beat Imhof. Er stand neben seinem Haus, schaute zu mir und sein Blick war offensichtlich an dem Handtuch hängen geblieben, das ich über meine linke Schulter geworfen hatte. Ich berichtete von meinem ultrakurzen Bad im Lago: „Das Wasser ist noch sehr kalt, aber das macht nichts, es ist alles wunderschön hier, und haben Sie den Spruch an Ihr Haus geschrieben?"

„Ja, so ist es", bestätigte er und nickte.

„Dann haben Sie wohl einen festen Glauben", vermutete ich.

„Ich habe nicht nur den Glauben, ich habe sogar den Gottesbeweis", antwortete er.

„Oh!", staunte ich. „Sogar den Gottesbeweis, das ist ja phantastisch."

„Ach, kommen Sie doch herein!", forderte er mich auf, stelle mir seine Frau und dann sein dickes Buch vor mit dem Titel: Woher wir kommen, wohin wir gehen. (Imhof, 2014) Es ist ein sehr umfangreiches Werk, das ich inzwischen aufmerksam und mit Staunen studiert habe: Der Autor beschreibt eine transzendentale, geistige Welt, in welche die Seele des Menschen nach dem Tod eintritt, in der sie betreut, geliebt und sogar geschult wird. Es gibt auch Seelenwanderung, nach der die Seele des Menschen aber stets zurückkehrt in die strahlende Herrlichkeit, wo er auch Gott erlebt. Das Buch enthält bestechende Gedankengänge, beschäftigt sich ausgiebig mit theologischen und philosophischen Schriften zum Thema Himmel und es basiert auf der tiefen Überzeugung von der Ewigkeit des menschlichen Lebens und dem festen Glauben an den liebenden Gott. Zu der Antwort auf die interessante Frage, ob Gott eine Person ist, schreibt Herr Imhof: „Gott ist omnipräsent, weltimanent und welttranszendent. Er ist keine Einzelperson, sondern er ist unergründliche Wirklichkeit. Schweigen und Staunen vor diesem unfassbaren Geheimnis ist die für den Menschen angemessene Grundhaltung." (siehe Imhof, 2014, Kap. 2!)

Wenn also Gott keine Person ist, dann begreift der ohne philosophisch, theologische Fachkenntnisse schlicht denkende Mensch kaum, wer oder was Gott nun sein könnte. Dass es ihn wohl geben muss, schließt der Mensch aus dem Vorhandensein der Erde und des Kosmos, die er sich ohne Schöpfer schlecht vorstellen kann. Pantheistische Gedanken helfen vielleicht weiter: „Ist das All, das Universum göttlich – ist es vielleicht selbst der Gott?"

Besonders bei dieser Vorstellung fragt sich der Mensch, ob der so geartete Gott emotionale Empfindungen hat, ob er wirklich seine Schöpfung liebt, oder ob er vielleicht ein Spieler ist, ein Genießer, der in seinem göttlichen Licht schwebt und völlig andere Eigenschaften und Empfindungen hat, als wir Sterblichen uns das vorstellen können. Nichts spricht eigentlich dafür, dass ein göttliches Wesen sich wirksam um das Elend und das brutale Chaos kümmert, das *homo sapiens* auf dem blauen Planeten verursacht.

Angesichts dieses Phänomens ist es erstaunlich, dass die Menschen seit Urzeiten Religionen haben, die sie auf Hilfe, Gnade und ewiges Glück hoffen lassen, für das der Gott nach ihrem Tod sorgen wird. Meines Erachtens gibt es keinen schlüssigen Beweis, dass eine solche Chance für die Menschen besteht, sodass wir ernstlich überlegen sollten, uns damit abzufinden nach dem Tod, dem Hirntod, in ewiger Dunkelheit zu verschwinden.

Meine existentielle Frage, warum Gott bei Katastrophen, insbesondere, wenn seinen Geschöpfen furchtbares Unrecht und Leid widerfährt nie eingreift, behandelt Herr Imhof ebenfalls im zweiten Kapitel seines Werkes, dort schreibt er: „Es ist auch möglich, dass die Helfenden (Engel) nicht eingreifen dürfen, weil bestimmte, auch leidvolle, schicksalhafte Geschehnisse karmisch bedingt und für uns Menschen zum Erlangen des Heils notwendig sind." Außerdem vermutet er, dass wir oft Hilfe ablehnen, Angebote ignorieren, weil wir zu starrköpfig und egoistisch sind.

Ein Jahr später, Ende März, traf ich Herrn Imhof wieder und berichtete, dass ich sein umfangreiches Werk mit großem Interesse studiert hätte und die beiden ersten Drittel könne ich auch nachvollziehen, aber bei dem letzten Drittel mit all diesen metaphysischen Organisationen, teilweise einem riesigen, himmlischen Schulbetrieb entsprechend, hätte ich doch Schwierigkeiten. Das könne ich einfach nicht nachvollziehen. Wir saßen in seinem kleinen Garten, tranken einen Kaffee, er versicherte mir, die Liebe Gottes sei unendlich, umfasse den Kosmos und wende sich besonders jedem einzelnen Menschen zu. Dann ging er in sein Haus, kam nach einer Weile mit einem kleineren Buch zurück und erklärte: „Lesen Sie das mal, es ist ganz neu, ich schenke es Ihnen. Hier hat ein amerikanischer Neurochirurg seine Erlebnisse geschildert, wie er im tiefsten Koma unendliches Glück im Himmel erlebt und von Engeln umsorgt die Liebe Gottes erfährt. Schließlich erwacht er aus dem Hirntod, kann sich in das irdische Leben nach Genesung von seiner schweren Meningitis mit Sepsis wieder einfinden und sich an die wunderbaren Erlebnisse im Himmel schrittweise zurückerinnern." (siehe Alexander, 2014!)

Ich habe nun diesen aktuellen, amerikanischen Bestseller des Neurochirurgen Dr. Alexander in deutscher Übersetzung aufmerksam gelesen und bin gleich am Anfang über ein Problem gestolpert: Als der Kollege mit Fieber, Unruhe und deliranten Symptomen erkrankte, wurde er angeblich lumbal punktiert, um Liquor zu gewinnen und das Nervenwasser auf entzündliche Veränderungen, die man auch fand, zu untersuchen. Danach wurde eine Computertomographie des Gehirns durchgeführt. Diese Reihenfolge der Untersuchungen wäre ein schwerer Kunstfehler: Zuerst muss nämlich die CT-Untersuchung gemacht werden; wenn nach Beurteilung der CT-Bilder die Liquorräume frei sind und keine Hirndruckzeichen vorliegen, darf man erst lumbal punktieren.

Im Anhang des Buches wird der Krankheitsverlauf nochmal stichwortartig wiederholt, dabei mit richtiger Reihenfolge der Untersuchungen, ohne Hinweis darauf, dass deren Reihenfolge zu Beginn des Buches falsch ist. Überdies muss man angesichts der ausführlichen Schilderungen des Krankheitsverlaufes mit den phantastischen Erlebnissen des Schwerstkranken im Himmel davon ausgehen, dass der Patient hirntot war. Der Hirntod ist der Individualtod: Also wäre der tote Neurochirurg wieder auferstanden...

Wie auch immer, er hat sich nach all den Strapazen gut erholt, ist in den irdischen Bereich zurückgekehrt und dort wieder integriert. Das Buch ist sehr gut geschrieben. Spannend, behutsam im Umgang mit dieser kapriziösen Geschichte, in der sowohl die medizinischen als auch die transzendentalen Ereignisse den aufmerksamen Leser fesseln.

Als Miteigentümer unseres wunderschönen Häuschens mit Blick auf den *Lago maggiore* hatte ich mir schon im Jahre des Herrn 2014 mehrere Klagen von Angehörigen sowie einer Nachbarin anhören müssen, dass im Rolladenkasten des Schlafzimmers ein Hornissennest sei. Ich selbst hatte das im März gar nicht bemerkt und sprach mit meinem Sohn darüber, der sich einige Tage Urlaub nehmen und mir helfen konnte, im Oktober das Nest zu entfernen, wobei mir die Hornissen schrecklich leid taten, da wir sie fast alle umbrachten. Dann gingen wir am Abend des erfolgreichen Tages auch noch in die Pizzeria, speisten ausgiebig, tranken Bier unterhielten uns und diskutierten schließlich zu Hause weiter.

Ist der Krieg wirklich zu Ende?

Ich erzählte meinem Sohn, inzwischen Professor für Molekularbiologie, wohl zum hundertsten Mal meine Erlebnisse als fünfjähriger Bub in Dresden und wies darauf hin, dass am Anfang des nächsten Jahres (2015) eine Art Jubiläum zu bedenken sei, nämlich das 70. Jahr nach dem Ende des zweiten Weltkrieges. Wir redeten über Heldentaten und Verbrechen, über Wahnsinn und Klugheit, über Sünde und Vergebung, kamen zu allerlei Vorstellungen, aber zu keinem, auch nur annähernden Verständnis dessen, was unsere Väter und Großväter erlebt und im Krieg getan und erlitten hatten. Ich selbst hatte das ungute Gefühl, dass ich auch russische Soldaten getötet hätte, wenn ich an dem Feldzug beteiligt gewesen wäre. Es wurde ja verlangt und wer nicht mitmachte, der wurde bestraft, wahrscheinlich mit dem Tod und nicht nur die katholische Kirche akzeptierte das Töten im Krieg. Die Priester weihten die Panzer, bevor es losging. Ich fragte mich und meinen Sohn, was wohl geschehen wäre, wenn die Deutsche Bischofskonferenz festgestellt und verkündet hätte, dass der Russlandfeldzug unmoralisch und das Töten eines Russen schwere Sünde sei.

„Ihr seid ja sehr konsequent katholisch erzogen worden, die Generation vor euch natürlich auch und sogar wir noch. Wenn die Bischöfe das gemacht hätten, wäre in dem Krieg wohl einiges anders gelaufen", meinte er. „Ich muss inzwischen davon ausgehen, dass vieles ganz anders ist, als es uns in der Schule und besonders im Religionsunterricht beigebracht wurde. Und in Wirklichkeit ist *homo sapiens* ein gefährlicher Mutant."

Ich bekam einen Schrecken, verband ich doch mit dem Begriff „Mutant" ein mehr oder weniger differenziertes Lebewesen, wohl ein Tier, fraglich harmlos, das aus der langen Entwicklungsgeschichte stammend, auf der Erde sein Dasein fristet. Nun bezeichnete aber mein Sohn, der Biologe (siehe sein Vorwort!), den Menschen als einen Mutanten und verlieh ihm noch das Adjektiv „gefährlich". Dieses Eigenschaftswort zwang mich sogleich zu der Frage: Was alles gefährdet *homo sapiens*, seine Umwelt, seine Artgenossen, sich selbst, wie macht er das und warum tut er das? Denkt man über diese Fragen nach, muss man wohl folgern, dass *homo sapiens* sich inadäquat verhält, sich nicht vorsichtig in seiner Umwelt bewegt und gebärdet, sondern oft mit Gewalt seine Ziele erreichen will, seinen Hunger stillen, insgesamt seine Triebe befriedigen. Was sind seine Triebe? Nach Meinung des berühmten Psychiaters Sigmund Freud (Wien, 1930) sind Eros und Destruktionstrieb ganz wesentliche Motivationen, Triebe, die das Verhalten des Menschen entscheidend beeinflussen. Leider, leider musste ich meinem Sohn wohl recht geben, auch wenn ich gelernt hatte, dass der Mensch die Krone der Schöpfung ist und dass Gott ihm eine Seele eingehaucht hat, eine Seele, die ihn zu einer unsterblichen Person emporhebt. Ein wunderbarer Glaube, der aber ganz erheblich ins Wanken gerät, wenn man den Menschen als gefährlichen Mutanten betrachtet.

Obwohl wir aus dem großen Westfenster unseres kleinen Ferienhäuschens die riesige Wasserfläche des Sees im Mondlicht schimmern sahen und in der weiten Ferne die schneebedeckten Gipfel, hatten wir uns mit dem Thema *homo sapiens* erst mal festgefahren, sodass wir noch etwas Rotwein schlürften mussten bevor wir uns endlich zur Ruhe begeben konnten.

Würzburg-Visite 2015

Jetzt sinniere ich herum, will auch meine Gedanken aufschreiben, die ich loswerden muss, weil dieses Jubiläum: „70 Jahre nach dem zweiten Weltkrieg" mich immer wieder an die damaligen Ereignisse erinnert, zumal alle Medien darüber berichten und Gedenkveranstaltungen stattfinden. Vor 70 Jahren wurden viele, noch lebende Häftlinge von der roten Armee befreit. Zeitzeugen sieht man im Fernsehen und im Kino, die glaubhaft über die Gräuel berichten, die sie überlebten, während das Volk der Dichter und Denker sechs Millionen ihrer Leidensgenossen umgebracht hat, einfach nur, weil sie Juden waren. Es wird jetzt so nicht formuliert, man spricht nicht von dem deutschen Volk, sondern von den Nazis und von Nazideutschland. Das kann ich nachempfinden, weil wir uns zu recht schämen müssen. Der Bundespräsident, Herr Gauck, hat sich bei der roten Armee bedankt, dass diese geholfen hat, uns vom Nationalsozialismus zu befreien. Als ich das hörte, war ich zunächst irritiert, weil auch die rote Armee nicht gerade zimperlich war, musste dann aber einsehen, dass dieser Dank von Herrn Gauck an die russische Armee leider richtig und gut war und dass wir uns weiter schämen müssen.

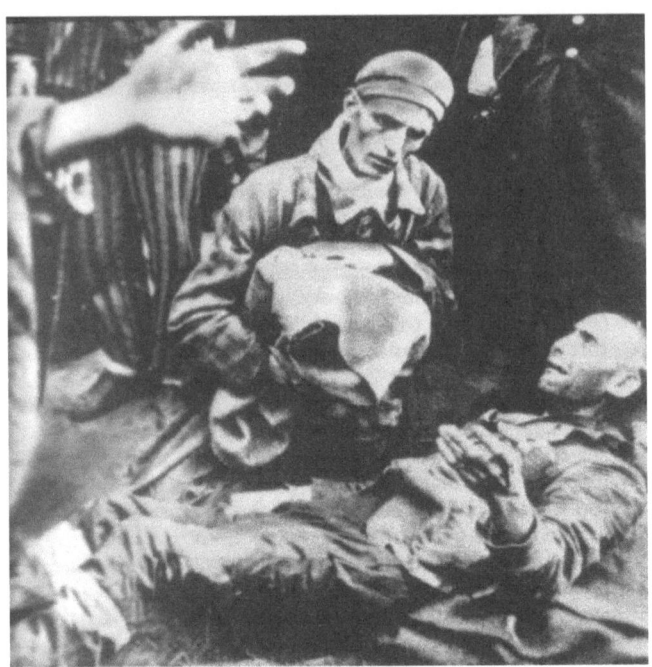

Abb. 5: Die Häftlinge im Konzentrationslager bei Mecklenburg wurden 1945 von der Roten Armee befreit.

Nun sind ja diese Gedenkfeiern und Trauerveranstaltungen erst mal beendet, weil der 12. Mai vergangen ist. Ganz langsam werden meine Unruhe und meine Zappeligkeit geringer, zumal ich jetzt hier in Würzburg im Hofgarten auf einer Bank sitze und auf die Ostseite der Residenz schaue. Den Mittelbau hat Lukas von Hildebrand entworfen, jener Architekt, der für Prinz Eugen das Schloss Belvedere in Wien gebaut hat. Trotz des riesigen Volumens wirkt das Gebäude hier in der Mitte locker, beinahe graziös, während die Seitenflügel gradliniger, strenger von Balthasar Neumann gestaltet sind, der auch die wundervolle Treppe und den großen Saal entworfen hat. Der insgesamt prachtvolle Bau ist von dieser großzügigen, barocken Gartenanlage mit Teichen, Wasserspielen, Statuen und Darstellungen aus der antiken Sagenwelt umgeben. Die Anlage ist sorgfältig gepflegt, Bänke an ganz verschiedenen Orten laden zum Ausruhen ein und da der Tag zur Neige geht, spaziere ich langsam in Richtung Orangerie und von dort zur alten Universität. Im Bodenbelag der Gehwege sind vor manchen Häusern kleine Messingschilder befestigt, in welche die Namen jüdischer Mitbürger mit Datum ihrer Deportation und Liquidation eingraviert sind. Viele wurden 1943 gefangen genommen und 1945 umgebracht, eine ganz junge Frau Ende April 1945. Ich stehe da, kann es nicht begreifen, gehe langsam weiter und denke über die Moraltheologie der verschiedenen Religionen nach. „Du sollst nicht töten!", ist zwar ein weit verbreitetes, anerkanntes Gesetz und ein Gebot Gottes, wurde und wird aber großenteils auch von den Religionen missachtet, wenn vermeintlich wichtige Gründe, insbesondere der Krieg das erfordern. Existentiell bedeutend finde ich die Lehre von der Souveränität des menschlichen Gewissens: Wenn mein gründlich geprüftes, also nicht irrendes Gewissen mir sagt, dass ich mich an dem Krieg, den auch die Kirche unterstützt, nicht beteiligen soll, bin ich gerechtfertigt und frei von Schuld. Das gilt aber auch, wenn ich einen

Tyrannen töte, der sein Volk in den Abgrund führen will. Die Mitglieder der Weißen Rose haben ihre Angst überwunden, das versucht und es mit dem Leben bezahlt. Ich bewundere sie ebenso wie den Grafen von Stauffenberg und ich bin dankbar für meine spätere Geburt.

Als meine Frau und ich unseren lehrreichen, etwas nostalgischen Würzburg-Besuch beendet hatten, waren wir mal wieder etwas zu früh am Bahnhof. Ich schaute mich dort in der Buchhandlung um und sah einen sogenannten Bestseller, dessen Titelbild ein paar Kinder zeigt, die zwischen Trümmern stehen und apathisch in die Kamera schauen, unter der Überschrift: „Die vergessene Generation". Bei der Betrachtung des Buches, das ich inzwischen gelesen habe, (siehe Bode, 2004!) wurde mir klar, dass ich nach diesem grauenvollen Krieg eigentlich nur Glück hatte. Ich bewältigte Schule und Gymnasium sowie das Medizinstudium, fand eine wunderbare Frau, die immer noch bei mir ist, entdeckte fesselnde Fachgebiete in der Medizin und unsere drei Kinder, zwei Schwieger- und vier Enkelkinder sind vital und gesund. Auch kann ich nicht glauben, dass mich der Neid der Götter ereilt, weil ich mich des Eindrucks nicht erwehren kann, dass die Götter sich doch offenbar für *homo sapiens*, den gefährlichen Mutanten, nicht wirklich interessieren.

Der Krieg ist nicht wirklich zu Ende

Die Verringerung meiner Unruhe nach dem 12. Mai, dem 70-jährigen Jubiläum des vermeintlichen Kriegsendes, war nicht begründet: Unser Planet ist ja rund und wenn er auf einer Seite von der Sonne beschienen ist, herrscht auf der anderen Finsternis. Nun habe ich am 6. 8. 2015 wie jeden Tag die Mittelbayerische Zeitung gelesen, einen eindrucksvollen Artikel über den Abwurf der Atombomben auf Hiroshima und Nagasaki vor 70 Jahren studiert und begriffen, dass uns hier in Europa auch ein Krieg auf der anderen Seite des Planeten etwas angeht, uns auch trifft und betrifft: Der Abwurf der beiden Bomben forderte sogleich 100.000 Todesopfer, bis zum Jahresende 1945 130.000 und später noch weitere durch Folgeschäden.

Nach dem Abwurf dieser Bomben war es deutlich geworden, dass die kriegerischen Möglichkeiten der Destruktion mit Vernichtung der Menschen und allen Lebens im Wirkungsbereich solcher Bomben und teilweise sogar darüber hinaus eine völlig neue Dimension erreicht hat. Die Menschheit hat diese Ereignisse erlebt und zur Kenntnis genommen. Ein Aufschrei und ein effektiver Entschluss solche Waffen zu vernichten und nie wieder herzustellen ist nicht erfolgt. Das Gegenteil ist der Fall! Einzelne Menschen kämpfen aber tapfer gegen Atomwaffen.

Abb. 6: Hiroshima nach der Zerstörung. Aus Wikipedia unter Stichwort „Atombombe"

Ein damals 18-jähriger Mann namens Muneto überlebte die Katastrophe in Hiroshima, er ging nach Amerika, wurde katholischer Priester, hielt Vorträge und Infoveranstaltungen und mahnt noch immer unermüdlich, den Krieg nicht zu vergessen und Frieden zu stiften. Er hat eine Leukämie überstanden und Scherben in den Armen, die ihn quälen und schwächen, und er kritisiert aktuell die Überlegungen wichtiger Mitglieder der Regierung in Tokio, falls nötig auch nach 70 Jahren wieder Krieg zu führen und Truppen in andere Länder zu schicken, eventuell zusammen mit den USA, den jetzigen Verbündeten.

Das ist leider nichts besonderes: Wir selbst haben auch eine großzügig ausgerüstete Armee, die teuer ist und einen nicht geringen Teil der Wirtschaftskraft unseres Landes beansprucht. Ich hoffe und bete, dass diese Armee nicht zum Einsatz kommt, und dass die bei uns installierten Atomwaffen, wie auch alle Waffen dieser Art weltweit endlich mal vernichtet werden. Ich weiß allerdings nicht recht, an wen ich nun mein Gebet richten soll, insbesondere, wenn ich bedenke, dass Gott den Menschen ihren freien Willen gewährt und die Amerikaner schon am 9. 8. die zweite, deutlich stärkere Atombombe auf Nagasaki abwarfen, obwohl die Japaner eigentlich schon geschlagen waren.

Zu diesem Thema findet Frau Heidenreich in einem alten Notizbuch folgende rätselhafte Einträge:

- Mandarinen in Tüten
- Grauer Staub überall. Krupp, Kanonen, Rüstungen, Sänften
- 2 Billionen Dollar
- Die Desinfektionsmanie!
- Do good things. Speak good words. Think good thoughs.
- Ten - no: Sohn des Himmels
- Jama - Berg. Fuji – Gipfel

- Naga - Berg, Saki – Vögel.
- Und plötzlich erinnere ich mich: Es sind Notizen aus dem Atommuseum in Nagasaki, wo die Bombe fiel.
- Krupp, Kanonen. Wir haben sie gebaut. Die Amerikaner haben sie geworfen. Zwei Billionen Dollar hat sie gekostet.
- Grauer Staub überall.

(Heidenreich, Seite 123)

Kapituliert haben die Japaner erst am 15. 8. 1945. An Gott kann ich mein Gebet, er möge den freien Willen von *homo sapiens* abschaffen, wohl kaum richten und meine Skepsis gegenüber dem Schutzmantel der Mutter Gottes wurde mir ja schon am 13. 2. 1945 in Dresden (siehe oben!) bestätigt. Wie ich zu den Amerikanern oder etwa den Japanern beten soll, ist mir natürlich auch völlig unklar. Immerhin las ich in der Presse, dass diese am 70-jährigen Jubiläum des Abwurfs der Plutoniumbombe auf Nagasaki im Parlament ihre Option, eventuell doch nochmal Krieg zu führen, wieder zurückgenommen haben.

Jetzt verfügen nach ausführlichen Informationen im Netz die Russen über 8000, die Amerikaner über 7300, die Engländer über 225 und die Franzosen über 300 atomare Sprengköpfe, die einsatzbereit auf Trägerraketen installiert sind. Auch die Chinesen, Pakistaner, Inder, Israelis und wohl in geringem Ausmaß die Nordkoreaner besitzen Atomwaffen. Die moderne 10-Megatonnenbombe hat eine Explosionskraft mit Zerstörungsradius von ca. 17,5 km; die Bomben auf Hiroshima und Nagasaki hatten einen Radius ca. 1,6 km. Also sind die modernen Bomben um ein mehrfaches wirksamer. Man kann Luftexplosionen in verschiedenen Höhen durchführen, was besonders effektiv ist, wenn Hitze benötigt wird. Bodenexplosionen sind anwendbar zur Zerstörung von Gebäuden, Bunkern, Staudämmen, Städten und eventuell ganzen Landstrichen. Untergrund- sowie Unterwasserexplosionen sind bei Bedarf ebenfalls möglich. Russland und die USA haben angeblich die Menge der Atomwaffen etwas reduziert, aber beide arbeiten an Modernisierung und Verbesserung dieser Waffen, die sorgfältig gepflegt und günstig gelagert werden. Die Bomben sind in sicheren Bunkern auf leistungsfähige Raketen montiert, die jederzeit auf digitalen Knopfdruck losrasen und computergesteuert ihren Zielort erreichen können, wo sie ihr Zerstörungspotential freisetzen. Ähnliches gilt wohl für England und Frankreich. Die übrigen „Atommächte" denken keineswegs an eine Verringerung der Menge ihrer nuklearen Bomben, sondern versuchen, mehr solche Waffen zu bauen.

Es hat zwar schon Proteste verschiedenster Art, besonders in Deutschland, sowie auch in Ländern mit eigenem Atomwaffenarsenal gegeben, aber die Planung, oder gar der Entschluss, auf solche Waffen zu verzichten, ist bislang nicht erfolgt.

Die japanische Regierung hatte anlässlich des 70-jährigen Jubiläums des Abwurfs der Plutonium-Bombe auf Nagasaki versichert, dass in Japan auch weiterhin keine Atomwaffen produziert, oder gelagert werden. Es wird aber aktuell in Regierungskreisen und auch in der Bevölkerung diskutiert, ob die pazifistische Haltung adäquat ist und ob nicht doch die Armee besser ausgerüstet werden muss, auch mit nuklearen Waffen, angesichts der aggressiven Gebärden der Nordkoreaner und der Chinesen. Auch gegen diese Politik fanden zwar Proteste und Demonstrationen statt, die aber nicht sicher erfolgreich waren, obwohl doch die Japaner hautnahe Erfahrungen mit den grauenvollen Atombomben gemacht haben. Es gibt wohl keinen Staat auf unserer Erde, der sich kompromisslos zu einem Atomwaffenverzicht bekennt. Also wird der Menschheit die „Errungenschaft" der nuklearen Bewaffnung erhalten bleiben. Höchst gefährliche, giftige und irrsinnig teure Waffen werden weiterhin gelagert, bewacht und gepflegt. Es bleibt nur die Frage, gegen wen oder was die Bewaffnung schützen soll. Doch gegen *homo sapiens*, den eigenen Artgenossen! Gegen wen sonst? Also hält *homo* die Waffen gegen sich selbst bereit...

Und soweit ich das verstanden habe können die Menschen mit den Atom- und Wasserstoffbomben den blauen Planeten für *homo sapiens* und viele Lebewesen unbewohnbar machen indem sie die Erde vergiften.

Seit sehr vielen Jahren führen die Völker gegeneinander Kriege mit „konventionellen" Waffen, unter anderem, weil auf der Erde unterschiedliche Rassen von *homo sapiens* existieren, die sich nicht verstehen, nicht vertragen können und dass die eine Rasse die andere fremd, schwach und minderwertig findet. Die Geschichte lehrt, dass es solche Gedanken und Vorstellungen wirklich gibt: Nach der „Entdeckung" Amerikas wurde die einheimische Bevölkerung dort weitgehend ausgerottet. Die Schwarzafrikaner wurden als untergeordnete Rasse betrachtet, als Sklaven benutzt, die man verkaufen kann. Viele wurden nach Amerika exportiert, wo sie niedere Arbeiten verrichten mussten. Diese Aktivitäten und Möglichkeiten waren an die überlegenen Technik, insbesondere die Feuerwaffen gebunden, welche die weiße Rasse der Europäer entwickelt hatte. Die Europäer haben davon reichlich Gebrauch gemacht, obwohl die genetischen Unterschiede der Menschen, die aktuell den Erdball bevölkern, nicht besonders groß sind: Wir stammen nämlich vielleicht alle von ein paar tausend Menschen ab, die den Ausbruch des Toba auf Sumatra und den anschließenden vulkanischen Winter überlebt haben. Nur die stärksten und klügsten dieser Vorfahren waren den Belastungen gewachsen und man konnte dann sogar überlegene Fortschritte in der weiteren Entwicklung von *homo sapiens* feststellen: Die Menschen lebten in größeren Gruppen, beherrschten immer besser den Umgang mit dem Feuer, stellten hervorragendes Werkzeug her, wie etwa Bohrer und Nadeln mit Öhr aus knöchernem Material. Sie hatten Grabstöcke, Hämmer, Mühlsteine, konnten Fische fangen und ihre Waffen verbessern. Ihre eindrucksvollen Kunstwerke lassen auf religiöse Gedanken und Vorstellungen schließen. Sie lebten in Afrika und wurden alle schwarz, weil die Hautpigmente benötigt wurden wegen der Sonneneinstrahlung. Das änderte sich, als Menschen in die kalten und dunkleren europäischen Regionen auswanderten. Zu viel Pigmentierung der Haut musste sich hier zurückbilden, weil die Sonneneinstrahlung für die Bildung von Vitamin-D erforderlich ist. Also wurde die Haut der Europäer heller (siehe etwa Wikipedia!).

Dass wir Europäer mit den Schwarzafrikanern genetisch verwandt sind, konnte ich selbst erleben, als ich zweimal in Afrika, in einem großen Krankenhaus in Togo, gearbeitet und Patienten operiert habe, weil es zu der Zeit, 1997 und 2000, keinen Neurochirurgen in dem Land gab. Ein Chirurg wurde mir zur Seite gestellt, deutlich jünger als ich und mit guten chirurgischen Kenntnissen versehen. Wir verstanden uns auf Anhieb gut und haben zusammen operiert: Er hat mir bei allen neurochirurgischen Operationen behutsam assistiert und ein Krankenpfleger hat Narkose gemacht. Beide Männer hervorragend! Die OP-Schwester war wunderbar, hatte schnell begriffen, welche Logistik und Instrumente für die Eingriffe notwendig waren, außerdem war sie charmant und schön; und diese drei gerade erwähnten Schwarzafrikaner waren mindestens so klug wie ich und die Kommunikation mit ihnen war gut, weil sie ähnliche Verhaltensweisen hatten (siehe auch Gruß, 2012!).

Gedanken zum Gehirn von homo sapiens

Homo sapiens ist ein „Gehirnwesen". Er hat ein besonders leistungsfähiges Zentralorgan, das über phantastische Möglichkeiten verfügt. Auch die Primaten sind ihm unterlegen. Der Körper soll das Gehirn tragen und Sinnesorgane sollen es informieren. Der Hirntod ist dem Individualtod des Menschen gleichzusetzen. Könnte man das Gehirn von *homo sapiens* auf den lebenden Körper eines Menschen, dessen Hirn zertrümmert wurde, erfolgreich transplantieren, würde es vielleicht an sich herunterschauen und denken: „Was haben die mir denn jetzt für ein Gestell gegeben, das hat ja Plattfüße und einen Schmerbauch."

Das Gehirn ist ein sehr vitales Gebilde: Es hat von allen Organen des menschlichen Körpers den relativ höchsten Energiebedarf, der am Tag und in der Nacht gleich ist, es hat also nachts keine Ruhe wie die anderen Organe, sondern nur eine andere Funktionsart. Diese Arbeitsweise wird offenbar von dem schlafenden Individuum bisweilen in Aufwachphasen sporadisch wahrgenommen. Bei Krankheiten, besonders auch bei Verletzungen steht das Gehirn mit seinen Heilungs- und Regenerationsmöglichkeiten den anderen Organen keineswegs nach und man kann am und im Gehirn auch recht gut operieren. Aber das soll hier weniger das Thema sein, als die schier unglaublichen, zahlreichen, außerordentlichen und sehr verschiedenartigen Leistungen des menschlichen Zentralorgans, das mit Hilfe der drei Sinnesorgane Informationen aus der Umwelt bekommt: Sehen, Hören und Riechen. Diese drei Systeme haben normaler Weise eine ganz hervorragende Präzision, aber das Gehirn kann auch mit Schäden an seinen Sinnesorganen einigermaßen umgehen, viel kompensieren und so trotz Beeinträchtigung dieser Sinnesorgane oft seine Existenz bewahren.

Je nachdem, welche Quellen man nun studiert, kann man unsere Vorfahren etwa seit 150000 Jahren als *homines sapientes* bezeichnen. Sie haben sich seitdem noch fortentwickelt (siehe voriges Kapitel!), bis sie je nach Region, vor etwa zehn- bis siebentausend Jahren sesshaft wurden, Ackerbau und Viehzucht betreiben und Häuser bauen konnten, sodass die Entstehung von höheren Kulturen möglich wurde. Das neue technische, industrielle Zeitalter mit den Verbrennungsmotoren gibt es erst seit der zweiten Hälfte des 19. Jahrhunderts. Nun hat sich der Mensch mit sieben Milliarden Exemplaren etwas unterschiedlicher Rassen fast überall auf dem Planeten Erde ausgedehnt. Er lebt in Familien, vielerlei Gemeinschaften und Völkern, ist also ein *ens sociale,* völlig allein kaum lebensfähig. Das bedeutet leider nicht, dass *homo sapiens,* der kluge Mensch, sich stets sozial verhält. Obwohl er über den wunderbaren Eros verfügt, der ihm schöpferische, künstlerische Kräfte verleiht und ihn zur Liebe befähigt, zerreißt ihm der Destruktionstrieb immer wieder diszipliniertes, soziales und liebevolles Verhalten. Der Mensch wendet Gewalt an, benimmt sich brutal, führt Kriege und glaubt wohl, er könne das weiterhin tun; aber Er, der heutige *homo sapiens*, hat ein Waffen- und Vernichtungspotential, mit welchem er die Erde, den wunderschönen, blauen Planeten, unbewohnbar machen kann. Aus Misstrauen und Angst vor anderen Völkern, also seinen eigenen Artgenossen, auf welche diese Waffen gerichtet sind, will er oft mit diesen nicht reden, obwohl sein wunderbares, geniales Gehirn die Fähigkeit der Sprache erlangt hat. Um unseren Planeten krass zu verändern, benötigt *homo* die erwähnten Waffen vielleicht gar nicht, da er die Erde wegen seiner Gier nach Luxus überall ausbeutet, Ressourcen irreversibel vernichtet und auch noch große Mengen verschiedenster, oft giftiger Abfälle hinterlässt. Dabei lieben und bewundern die Menschen ihre Erde und die meisten glauben an einen Schöpfer der Welt, der Natur, aller Lebewesen und des Menschen selbst. Sie suchen nach Gott, fühlen sich zum Teil sogar diesem verantwortlich, begreifen ihre Sünden und bereuen diese bisweilen. Das Gehirn von *homo sapiens* hat eine Ratio, eine kritische Vernunft. Im Wachzustand beobachtet, erlebt und prüft es Phänomene, ob es auf diese reagieren soll und es steuert so seinen Träger, den Körper. Aber das Gehirn kann auch träumen: Im Schlaf erlebt es Phänomene, zwar mit der gleichen Intensität, wie im Wachzustand, aber es bleibt passiv. Im Traum erscheinen ihm bisweilen ganz wundervolle Welten. Ich selbst habe leider oft Alpträume und muss fliehen, weil ich verfolgt werde. Aber vor einiger Zeit erlebte ich einen Glückszustand in einer schönen, hellen und sanft strahlenden Welt: Ich schwebte ganz langsam aus unendlichen Höhen kommend über einem Paradiesgarten und mit mir schwebte eine Frau in einem goldenen Gewand. Sie lächelte mich an und war glücklich, weil sie mit mir zusammen schwebte. Ich war völlig zufrieden, begeistert, wollte weiter schweben, was mir auch eine gute Weile gelang, bis dann doch mein Gehirn sich dem Wachzustand wieder näherte. Ich musste lächeln über meinen schönen Traum und dachte mir: „So leicht erlebe ich einen Himmel, weil es ihn, den Himmel, wirklich gibt? Oder glauben wir Menschen an den Himmel und an das ewige Leben, weil wir so wunderbar träumen können?"

„Ist eigentlich fast wurscht, es geht mir doch gut", musste ich feststellen, drehte mich im Bett um und schlief nochmal ein, bis die Nacht zu Ende war. Ich konnte mich an den schönen Traum erinnern...

Aber wie würde es wohl nach dem letzten Tag meines

Lebens sein? Würde ich in einem Glücksgefühl mit immer währendem Licht erwachen oder das Gericht Gottes erleben, der die Guten in den Himmel aufnimmt und die Bösen in die Hölle verdammt? Oder würde ich einfach gar nicht erwachen und empfindungslos in ewiger Nacht verschwinden?

Irgendwie beruhigt habe ich festgestellt, dass ein so frommer Priester, wie Hans Küng (siehe sein Buch aus dem Jahr 2009!) ganz ähnliche Gedankengänge erlebte: In dem Kapitel *ars moriendi* schreibt er: „Wenn es mir geschenkt sein sollte, möchte ich gerne bewusst sterben und mich menschenwürdig verabschieden. Alles noch zu Ordnende geordnet. In Dankbarkeit, in Erwartung und im Gebet. Und wenn ich mich doch getäuscht haben sollte und ich nicht in Gottes ewiges Leben, sondern in ein Nichts eingehe? Dann hätte ich, so habe ich es oft gesagt und bin davon überzeugt, jedenfalls ein besseres und sinnvolleres Leben geführt als ohne diese Hoffnung."

Ich selbst beende nun all diese Überlegungen und widme mich meinen weiteren Vorhaben in der Hoffnung, dass ich noch viele Tage in ausreichender Gesundheit hier verbringen darf, auf diesem Planeten, der gefällt mir nämlich sehr gut, so gut, dass ich mir überhaupt nicht vorstellen kann, er sei durch einen Zufall aus dem Nichts entstanden...

Meine letzte Tour über die Alpen?

Am 11. September 2015 habe ich im Notizbuch eingetragen: Aus Angst, es nicht zu schaffen schon heute nach intensiver Vorbereitung Start nach Meran.

Während einer Fahrradprobefahrt vor unserem Haus mit der gesamten Ausrüstung kommt plötzlich die 8-jährige Valery und bittet sehr charmant: „Können sie mir bitte eine Widmung in dieses Buch schreiben? Meine Mutter will es ihrer Freundin morgen zum Geburtstag schenken."

Ich bin natürlich stolz und erfreut, weil es sich um mein Buch „Der Abt und der Medicus" handelt, das sie mir unter die Nase hält und schreibe sogleich eine schöne Widmung auf die erste Seite. Meiner Frau gebe ich ein „Abschiedsbussi" und schiebe mein Fahrrad neben Valery bis zu deren nahe gelegenem Elternhaus. Weil sie doch recht skeptisch meine ganze Ausrüstung betrachtet, demonstriere ich, wie gut man auf dem beladenen Rad fahren kann, indem ich ein Paar Runden drehe. Sie lächelt etwas vorsichtig, winkt und ich fahre auf dem Donau-Radweg flussaufwärts bis Kelheim. Dort steige ich traditionsgemäß mitsamt Fahrrad in das Motorschiff zum Kloster Weltenburg. Trotz des guten Wetters sind nicht viele Passagiere an Bord. Der Lautsprecher erklärt die Weltenburger Enge der Donau, die im Moment so wenig Wasser führt, dass ich den Kies am Boden des Stromes sehe und hoffe, dass wir nicht auf Grund laufen. Nach ungestörter Schifffahrt sehe ich den von der Sonne bestrahlten Innenhof des Klosters voller Menschen, die sich ihren Speisen und Getränken widmen und dabei ziemlich laut sind. Also schwinge mich auf mein Rad, fahre ein kleines Stück stromaufwärts und gönne mir eine ruhige Mittagspause im Ufergebüsch.

Danach musste ich nur noch wenige Kilometer bis Sandharlanden fahren zum Jugendsportgelände, wo ich früher schon einige Male zelten durfte. Die Sportler widmeten sich intensiv bis in den späten Abend ihrem Eisstockschießen auf der Asphaltbahn. Am Himmel zogen Wolken auf. Es regnete zwar nicht, aber nach etwas unruhiger Nacht war das Zelt am Morgen klatschnass vom Tau. Im Lauf des Tages lugte die Sonne hervor und vertrieb bis zum Abend fast alle Wolken. Auf dem Bergrücken zwischen Abens und Amper fand ich einen günstigen, trockenen Zeltplatz im Wald. Nicht weit entfernt war wohl ein Fest, vielleicht eine Hochzeit, jedenfalls wurden noch spät abends reichlich Böllerschüsse abgefeuert.

Dennoch gut ausgeruht erreichte ich bei mäßigem Wetter und viel Gegenwind das Isartal sowie den dortigen Radweg und konnte noch ein gutes Stück flussaufwärts fahren. In der Nähe von Freising nahm ich ein kurzes Reinigungsbad in der Isar und stellte abends mein Zelt unter dem kleinen Vorbau eines Forsthauses am Flussufer auf. Am folgenden Tag regnete es ergiebig und trotz schlechter Stimmung erreichte ich München, radelte durch den Englischen Garten, dessen Ausgang ich schließlich bei der Isarstaumauer mit dem Kraftwerk fand. Nach kurzer Mittagspause schwang ich mich weiterhin im Schutz meiner Regenkleidung auf das Rad. Leider wandelte sich der Fahrradweg entlang der Isar in einen Pfad, der schon für sportliche Fußgänger eine Herausforderung war. Also musste ich Straßen benutzen, die einen so lebhaften Autoverkehr aufwiesen, dass ich mich verleiten ließ, einem Symbol für Radfahrer zu folgen, die Passage war einigermaßen gekennzeichnet, aber mit riesigen Umwegen sowie Bergauf- und Bergabfahrten. Am Abend erreichte ich Wolfratshausen und fand einen Gasthof, wo das Abendessen mundete und es gab eine Pension mit gepflegtem Zimmer und warmer Dusche.

Am folgenden Morgen fuhr ich oft auf Straßen, aber es gab auch Radwege an der Isar entlang bis zum Speichersee, hinter dem ich am Waldrand einen schönen Platz für mein Zelt fand. Die Ruhe tat gut, allerdings rutschte ich nachts im Zelt öfter fußwärts bergab, da mein Zeltplatz ein wenig schräg war. Nach Morgenkaffee und einem Marmeladenbrötchen schob ich das Fahrrad ganz optimistisch am Rand der Straße und auch durch den Wald hinauf zum Achensee, den ich mit der umgebenden Landschaft in bester Erinnerung hatte als eine bildschöne Ferienregion mit erfrischendem Badegewässer und malerischen Ortschaften am See, umgeben von Wäldern und Bergen mit hohen Felsen. Jetzt aber, ich konnte es kaum glauben, war hier der Teufel los in Gestalt eines heißen Sturmes mit Böen, die mich beinahe vom Rad warfen: Das war keine Fahrradtour mehr, sondern eine deprimierende Quälerei!

Kurz nach Mittag erreichte ich schließlich jene schmale Straße, die in einer Klamm sehr steil hinunter führt nach Jenbach. Am Beginn des engen Tals fand ich neben dem Bach eine Rastplatz, wo der Sturm durch die steilen Felswände gemildert war. Nach der Siesta fuhr ich hinab in das Inntal, kämpfte mich flussaufwärts vor, etwa bis Folder, wo ich zwischen Bahngleisen und dem Inn ein überhaupt nicht kultiviertes Gebüsch entdeckte, mit einer Lichtung darin, die für mein winziges Zelt genügend Platz bot. Der Wind war durch das dichte Buschwerk erträglich, die Nacht einigermaßen ruhig, aber am nächsten Tag musste ich mich nach Innsbruck durchkämpfen. Der Radweg in der Ebene verlief ohne Windschutz mit allerlei Umwegen in freiem Gelände und ich musste das Rad bisweilen schieben. Etwas hilfreich war eine Abkürzung am Bahndamm, die mir ein Fußgänger zeigte, dem ich mein Leid klagte.

„Ja, das ist ein furchtbarer Föhnsturm mit Fallwind", bestätigte er.

„Wieso Fallwind, er kommt doch von Westen und stürmt durch das Inntal. Ich will ja dann den Brenner hinauf, dann bekomme ich den Wind von der Seite, das ist doch besser als dieses Elend hier", wandte ich ein.

Der Mann runzelte die Stirn. „Leider nicht", erklärte er. „Der Sturm drückt die Hitze von Italien durch das Brennertal zu uns hier herunter und wenn Sie den Brenner hinauf fahren, haben Sie wieder Gegenwind, sogar noch stärker. Dieser Föhn kommt bisweilen, aber so schlimm war er noch nie."

Ich schüttelte den Kopf und fragte: „Sind Sie hier heimisch?"

„Ja, sehr heimisch!", bestätigte er und wünschte mir eine gute Fahrt. Ich schätzte ihn auf sechzig Jahre, die empfohlene Abkürzung war etwas hilfreich und ich erreichte Innsbruck. In der Stadt wimmelte es von Menschen trotz Sturm und Hitze. Nach einigem Suchen und dummen Fragen an Passanten fand ich auch den Anfang der Brennerstraße und nach der zweiten Serpentine entdeckte ich einen halbwegs windgeschützten Platz, wo ich eine kleine Siesta machen konnte. Nach einigem Zögern begab ich mich dann auf die Straße und strampelte bergan. Ich hatte die Strecke in früheren Jahren schon einige Male bewältigt (Gruß, 2014), aber so hart wie jetzt war es noch nie gewesen, einmal wegen des Gegenwindes mit den heißen Sturmböen und zum anderen wegen des LKW-Verkehrs, den ich in diesem Ausmaß noch nicht erlebt hatte. Diese neuen riesigen Laster hatten zwar keinen Anhänger, waren aber sehr lang und hatten hinten drei Achsen. In Rechtskurven fuhren sie nah an mich heran und es wurde einige Male recht eng für mich, besonders wenn die Straßenbegrenzung rechtsseitig eine Mauer oder eine Felswand war. Kurz vor Matrei setzte ausgiebiger Regen ein. Eine Wohltat, zumal ich am Ortseingang sogleich eine Pension mit sehr günstiger Übernachtungsmöglichkeit fand.

Am nächsten Morgen war es nicht mehr heiß und der Gegenwind war erträglich. Glücklich erreichte ich die Passhöhe und dachte über meine Leidenstour nach, an der ich zum großen Teil natürlich selbst schuld war, weil ich mein Alter nicht kritisch berücksichtigt hatte. Aber, wie gesagt war ich nur zum Teil schuld, weil der Hitzesturm und die riesigen LKWs mich beeinträchtigt hatten. Die schlechte Stimmung wurde aber rasch weggeblasen durch das wunderbare Erlebnis: Die Sonne zeigte sich und ich schwebte auf dem Fahrradweg, der ab hier eine eigene Trasse hat, in das Tal hinab nach Sterzing und Gastein, wo ich den Campinplatz aufsuchte, auf dem ich schon einige Male gezeltet hatte. Ich war immer sehr zufrieden gewesen, aber heute Abend konnte ich das Essen in der Campinggaststätte höchstens mit ausreichend bewerten, außerdem wurden einige Musiker tätig, die laut musizierten - bis in die Nacht hinein.

Als sie ihr Programm beendet hatten, schlief ich gut, aber das Zelt war am Morgen mal wieder klatschnass. Nach Frühstück und Aufpacken der gesamten Ausrüstung radelte ich den einen Kilometer bis zum Beginn der Straße zum Jaufenpass, schob tapfer hinauf. Etwa auf halber Höhe tauchte links neben mir ein junger Mann mit seinem Mountainbike auf. Er stieg ab.

„Ach ich muss auch mal ein Stück schieben", meinte er und fragte: „Wollen Sie auch nach Meran, mit soviel Gepäck?"

„Ja, ich habe mein Zelt dabei, bin aus Regensburg, aber in Meran will ich meine Frau treffen, wir sind dann im Hotel", erklärte ich.

Er nickte anerkennend, schob sein Bike neben mir her und erzählte mir, dass er aus dem Schwarzwald komme, er würde noch Wirtschaft studieren, habe alle möglichen Hobbys, unter anderem Bienenzucht. Wir schoben eine gute Weile unsere Räder eng nebeneinander, erzählten uns viel und tauschten sogar unsere

Adressen aus. Er schwang sich dann wieder auf sein Rad und fuhr bergauf. Etliche Wochen später bekam ich von ihm ein Glas Waldhonig geschickt und ich sandte ihm mein kleines Buch vom Rückweg aus Santiago.

Die Passhöhe erreichte ich kurz nach 17:00 Uhr. Wie immer an den Wochenenden waren sehr viele Motorradfahrer unterwegs, sodass oben auf dem Pass Gedränge herrschte. Ich verweilte dort nur kurz und konzentrierte mich mental auf die Abfahrt, die ich nach zweimaliger Kurzrast zum Aufwärmen der eiskalten Finger gut bewältigte. Hinter St. Leonhard fuhr ich langsam auf dem Radweg am Passer-Fluss und hielt Ausschau nach einem geeigneten Zeltplatz, den ich schließlich am Rand eines Golfplatzes entdeckte. Personen sah ich nicht und bereitete in einer flachen Mulde neben den hervorragend gepflegten Golfbahnen einen Platz für mein Zelt indem ich Äste, Zweige und etwas Dreck entfernte.

Die Nacht war ruhig und erholsam, aber am Morgen wurde ich von einer sehr lauten, nahen Fräse aufgeweckt. Ich zog mich rasch an, bündelte den Schlafsack und einige Ausrüstungsteile soweit möglich und machte mich auf ein Donnerwetter mit Strafanzeige gefasst, weil doch nach meinen Informationen in Italien das Zelten im freien Gelände streng verboten ist. Plötzlich verstummte die Fräse. Ich öffnete den Reißverschluss, spähte aus dem Zelt und konnte nichts entdecken, weder Personen, noch Fräse, noch sonst etwas Auffälliges. Rasch baute ich das Zelt ab, schleppte alles schnell den kleinen, aber holprigen Hang herunter zum Radweg, wo ich in Ruhe mein Frühstück einnehmen konnte.

Dann fuhr ich bei immer besser werdendem Wetter nach dem wunderschönen Meran; und als ich am Stadtrand mein Rad den Berg hinauf zu unserem Hotel schob, hörte ich plötzlich neben dem eindrucksvollen Schloss Planta hinter mir den sehr kurzen Ton einer Autohupe. Dieses ganz rasche „Anklicken" der Hupe kann meine Frau besonders gut und es machte mir einen Riesenspaß, zu erleben, wie sie sich freute, dass sie mich „aufgegabelt" hatte…

Luxusurlaub

Eine Woche Luxusurlaub gehört zum Programm, auf das meine Frau großen Wert legt. Ich finde es auch schön: Das Hotel liegt ein wenig erhöht und von allen Zimmern hat man eine gute Übersicht auf die Umgebung von Meran. Zwei Konditionen sind trotz oder wegen des Luxus für mich wichtig: Erstens darf ich nicht zu viel essen, zweitens darf ich keine Langeweile haben. Mit dem Essen geht es einigermaßen, weil wir die Mittagsmahlzeit gering halten und nicht offiziell „zu Tisch sitzen". Gegen die Langeweile hilft mir das Spazierengehen und Umherlaufen auf den Wander- und Walwegen sowie im freien Gelände und im Wald. Die Landschaft ist noch nicht völlig dem Technischen Fortschritt, der Wirtschaft, der Industrie und dem Fremdenverkehr geopfert. Man findet noch lauschige Plätze, insbesondere, wenn man einige Höhenmeter in Kauf nimmt, hat man Ruhe und kann nachdenken.

Auch hatte ich im letzten Jahr bei einem längeren Spaziergang ein Ehepaar, etwa in unserem Alter, kennengelernt. Mit ihnen zusammen hatten wir dann in unserem Hotel Kaffee getrunken, Erinnerungen unter Kriegskindern ausgetauscht und festgestellt, dass es uns jetzt unglaublich gut geht. Die Beiden stammen aus Moldavien, meine Frau ist ein Flüchtlingskind und ich habe ja aufgrund erstaunlicher Zufälle in Dresden das wirksame Bombardement überstanden, also schmeckte uns der Kuchen zum Kaffee jetzt natürlich besonders gut.

An den Abenden lesen wir meistens und in diesem Jahr 2015 hatte mir mein Sohn ein Buch gegeben über Entstehung und Eigenschaften des Universums. Diese unglaublich spannenden Darstellungen des Astronomen G. Börner habe ich intensiv studiert und auch einiges verstanden. Tief beeindruckt hat mich die Beschreibung des sogenannten Urknalls, der sich vor etwa 14 Milliarden Jahren ereignet hat: Eine erbsengroße Kugel, über deren Inhalt die Forscher noch spekulieren, hat sich plötzlich explosionsartig vergrößert und aus ihr ist das Universum entstanden, das sich noch immer rasant vergrößert. Die Physiker schwören, dass ihre auf Naturgesetzen beruhenden Berechnungen dieses Ereignis beweisen und Börner beschreibt die Galaxien, die Sterne (Sonnen), die Planeten und die sogenannten schwarzen Löcher, in denen reichlich Himmelskörper verschwinden. Auch wird erläutert, dass es offenbar eine Art Parallelwelt gibt, die keinen Raum-Zeit-Bedingungen unterliegt und über die noch gründlich geforscht werden muss. Bei der Frage, ob unsere Erde ein Unikat ist, habe ich natürlich im Internet gesucht: Unter der Überschrift: „Sind wir allein im Universum?" fand ich einen spannenden Vortrag von

Harald Lesch, Sternwarte München. Der Referent folgert:

„Es gibt keinen Hinweis darauf, dass anderswo andere Naturgesetze gelten als bei uns auf der Erde. Obwohl hier alle physikalischen Vorgänge nach denselben Regeln ablaufen, wie überall im Universum, ist unser Platz etwas besonderes – nicht durchschnittlich, wie anfangs angenommen. Unglaublich komplexe Mechanismen mussten sich im richtigen Moment, in der richtigen Reihenfolge abspielen, damit das Universum an diesem Ort über sich und und seine Bewohner nachdenken kann. Mein Vortrag schließt mit folgendem Fazit: Je mehr Erkenntnis wir über die Bedingungen für hoch entwickeltes Leben gewinnen, umso geringer ist die Wahrscheinlichkeit von außerirdischem Leben – bereits unsere Existenz muss uns völlig unmöglich erscheinen."

G. Börner wiederum äußert sich bei der Frage, ob allein unser Planet so hoch qualifiziertes Leben, wie das des *homo sapiens* aufweist nicht definitiv: Er beschreibt aber auch die Vorgänge, wie sich solch komplexe Materien, aus denen auch unser Körper besteht, entwickelt haben müssen und welch komplizierte Vorgänge dazu nötig waren – so kompliziert, dass sich auch ungünstige und fehlerhafte Abläufe ereignet haben. So schreibt der Autor auf Seite 205 seines Buches: Die kosmische Geschichte vom Urknall bis zur

Gegenwart ist eine einzige Linie unter vielen anderen möglichen – vielleicht nicht einmal die „beste aller möglichen". Bei diesen Erläuterungen von G. Börner kam mir natürlich der Gedanke, dass bei der Erschaffung von *homo sapiens*, der vielleicht Endresultat, Gipfel der Entwicklung des Universums ist, vielleicht doch etwas schief gegangen sein könnte. Die Organe von *homo sapiens* sind ja hervorragend: Die Haut ist ein vitales Schutzsystem, das den gesamten Körper umhüllt, den die Knochen tragen und die Muskeln bewegen. Das Magen-Darmsystem nimmt Nahrung auf, die es verwertet, sodass die Leber Energie gewinnen kann. Die Nieren filtern Flüssigkeiten und scheiden Abwasser aus. Das Gehirn aber ist das Zentralorgan von *homo sapiens.* Es wird durch die Sinnesorgane über Vorgänge in der Außenwelt informiert und fällt das Urteil, wie der Mensch reagiert. Vielleicht ist dieses Gehirn der Höhepunkt aller Entwicklung im Kosmos - hat jedoch einen erheblichen Nachteil: Das Organ ist nicht eingefügt in eine Harmonie des Lebens auf der Erde, wohl wegen seiner Triebe: Der Eros ist wunderbar: Er lässt Harmonie, Zuwendung zu den Mitgeschöpfen und Liebe entstehen, während dagegen der Destruktionstrieb den Menschen zu Gewalttaten, Zerstörung und sogar Hass gegenüber seinen Mitmenschen treibt. Ein Löwe tötet eine Giraffe, weil er Hunger hat. Der Mensch tötet einen Menschen, um ihn zu vernichten. Ein kleiner Bub schlägt mit seinem

Stock Pflanzen um, auch wenn diese ihn gar nicht stören oder beeinträchtigen. Ein Tier würde an den Pflanzen vorbeilaufen, oder sie fressen, wenn sie ihm schmecken. Bei Revierkämpfen, Futterneid oder in der Brunft gibt es bei den Tieren Kämpfe, die auch tödlich ausgehen können. Wenn aber dem Unterlegenen die Flucht gelingt, wird der Sieger ihn in der Regel nicht verfolgen. Der konsequente Destruktionstrieb, oft mit fragwürdigen Motiven, ist offenbar allein *homo sapiens* vorbehalten.

Angesichts dieses wohl sichtbaren Phänomens muss man sich fragen, ob vielleicht dem Schöpfer doch ein kleines Missgeschick unterlaufen ist. Ich kann mir durchaus vorstellen, dass dieses Missgeschick das Hirn von *homo sapiens* betrifft, der ja die Schöpfung, insbesondere den wunderbaren blauen Planeten, seine Existenzgrundlage, nicht vernünftig, behutsam pflegt, sondern mit brutaler Gier ausnutzt und offensichtlich schwer beschädigt. Bei der raschen Zunahme all seiner Schandtaten scheint es mir fraglich, ob *homo* sich noch rechtzeitig ändern und die Fruchtbarkeit seiner „Mutter Erde" erhalten kann.

Sollte es wirklich so sein, dass die Erde mit ihrem vielfältigen Leben im Weltall ein Unikat ist, so wäre es doch eine Katastrophe, wenn es *homo sapiens* gelingen würde, den blauen Planeten unbewohnbar zu machen.

Schlussbetrachtung über Terrorismus

Dass dieses Thema meine hilflosen Gedankengänge über den gefährlichen Menschen abschließt, liegt auch daran, dass der moderne Terrorismus erst seit einigen Jahrzehnten besteht. Mit großer Aufmerksamkeit habe ich das Buch von Doris Lessing studiert. Deren Heldin Alice hat sich von ihren Eltern im Streit getrennt und führt kompetent eine Gemeinschaft aus sehr unterschiedlichen Personen, die einer bürgerlichen Ordnung gegenüber skeptisch sind und ein freiheitliches, angeblich sozial gerechtes Leben realisieren wollen. Der umfangreiche Roman, „Die Terroristin," endet mit der Beschreibung eines Terrorangriffs auf eine Bank in London. Der Überfall fordert Tote und endet in einem fürchterlichen Chaos. Es wird in der Öffentlichkeit nicht sicher transparent, wer den Angriff ausgeführt hatte und was nun eigentlich sein Ziel war. Schon bevor der Roman von Frau Lessing in Umlauf kam haben Terroraktivitäten weltweit an Menge, Einfallsreichtum und Brutalität zugenommen. Frauen sind dabei deutlich seltener aktiv, da deren Gehirn in der Regel ausgeglichener und ruhiger ist, wobei wohl auch die in ihrem Gehirn gebildeten Hormone eine Rolle spielen. Alice ist aber neuroendokrin reichlich seltsam: Sie liebt einen hübschen jungen Mann, der aber schwul ist, ihrem Vater hat sie viel Geld gestohlen und mit Ihrer Matter hat sie oftmals Krach. Vielleicht hat Frau Lessing auf solche Verhaltensweisen ihrer Heldin besonderen Wert gelegt, weil sie für eine Frau doch ungewöhnlich sind.

Relativ neu und inzwischen sehr zahlreich sind die Schießereien der Terroristen in Menschenmengen und Gruppen; oft sprengen sie sich danach in die Luft mit einem wirksamen Sprengstoffgürtel am eigenen Körper. Dabei werden außer dem Terroristen meistens noch weitere Menschen verletzt oder getötet. Die Motive der wohl oft künstlich wesensveränderten Täter sind unterschiedlich: Neid, Missgunst, Zorn auf eine andere Menschenrasse und ganz besonders Hass auf andere Religionsgemeinschaften. Oft werden Menschen von Fanatikern, Hasspredigern, sogar mit Hilfe von Medien aufgehetzt gegen andere weltanschauliche Traditionen und Kulturen ihrer Mitmenschen. Nicht selten bleiben Motive für die schrecklichen Aggressionen im Dunkeln. Wir selbst können in diesem Problemkreis, zumal angesichts der Überbevölkerung unseres Planeten, keine günstige Prognose stellen.

Sigmund Freud würde wohl dozieren und noch mehr schreiben über den Destruktionstrieb und vielleicht auch über eine Todessehnsucht der heutigen Menschen.

900 Jahre später, in Hamburg:

„Wir müssen hier weg!", sagte der Vater, als die Familie abends am Tisch saß und die Mutter das karge Essen verteilte.

Das große Mädchen, 10 Jahre alt, fragte: „Gibt es mehr zu essen, wenn wir weggehen?"

Die Eltern antworteten nicht. Das zweite Mädchen, 8 Jahre alt, erzählte, dass die Freundin ihr gestern vor der Schule ein winziges Stück Schokolade geschenkt habe.

„Was, Schokolade, das kann ich nicht glauben", murrte der kleine Sohn, 6 Jahre alt.

„Jetzt esst mal eure Bratkartoffeln, sonst werden die noch kalt!", mahnte die Mutter.

Die Kinder hatten ihre kleinen Portionen rasch verzehrt und erhielten noch einige Apfelstückchen, zudem bekam jedes Kind eine Scheibe Käse, wie auch die Eltern, deren Kartoffelportionen etwas kleiner waren als die der Kinder.

„Gehen wir nordwärts?", fragte die Mutter.

Der Vater nickte. „Wir können eine Zeit lang vor der dänischen Grenze bei dem Opa bleiben, aber dann müssen wir weiter sehen."

„Bin gespannt, was wir dann sehen", murmelte die Mutter, die Magerste in der Familie. Dem Vater war schon gekündigt worden, da die Hochschule keine Studenten mehr hatte, die er unterrichten konnte. Die Mutter war noch bisweilen als Kinderärztin tätig, und die bei weitem häufigste Krankheit der Kinder beruhte auf Mangelernährung, gegen welche die Mittel nicht ausreichten. Außerdem vermehrten sich diese grausamen Schnaken, die leise flogen und sich vorsichtig auf bloße Arme und Beine setzten, um in die Haut zu stechen, wo sie rote Schwellungen hinterließen, die ewig juckten, sodass die Kinder kratzen mussten. Entzündungen waren die Folge und etliche Kinder waren gestorben. Medikamente waren rar, viele Ärzte gab es nicht mehr in Hamburg. Und insgesamt verließen auch immer mehr Menschen die Stadt, nachdem viele Einwohner, nicht nur Kinder, an seltsamen Krankheiten und Seuchen gestorben waren, die es früher gar nicht gegeben hatte.

Verkehrsmittel gab es nicht mehr, da immer wieder Hochwasser mit heißen Stürmen Deiche, Brücken, Straßen und Bahndämme schwer beschädigt, oder ganz zerstört hatte.

Also rüstete die Familie sich aus: Den noch vorhandenen Proviant und Wasserflaschen packten sie in ihre Rucksäcke wie auch etwas Kleidung und der Vater trug noch ein kleines Zelt in seinem großen Tragebeutel. Jeder hatte einen Wanderstock. Von den nur noch wenigen Bekannten und Freunden hatten sie sich schnell verabschiedet und wanderten nun nach Norden. In der Mittagshitze war das Gehen unmöglich, sie verharrten dann auf irgendeinem schattigen Platz, meistens Ruinen oder Resten von Bauten; manchmal halfen ihnen auch Leute, die ihre Häuser noch bewohnten.

Nach einer Woche erreichten sie das Gehöft des Großvaters, der sehr traurig war, weil seine Frau, die Oma, vor drei Wochen gestorben war. Aber er bemühte sich nach Kräften um seine Kinder und Enkelkinder. Einige Tiere besaß er noch, auch etwas Getreide, Kartoffeln und Gemüse. Zum Erstaunen der Kinder hatte er Honig, den schmierte er auf das Brot, nachdem er etwas Butter oder Schmalz darauf gekratzt hatte. Die Kinder erholten sich von der strapaziösen Wanderung, schöpften neuen Mut und die Eltern halfen dem Opa, wenigstens einen Teil der Äcker zu bestellen, da es für Maschinen keinen Strom und deshalb auch keine mechanische Energie gab. Eine kleine Ernte konnten sie trotz der heißer Stürme im Herbst einbringen, sodass sie im Winter einigermaßen ausreichend zu essen hatten.

Die Mutter legte sich abends zu den Kindern, erzählte ihnen oft Geschichten und betete auch mit ihnen. Der Vater und der Opa saßen im Nebenraum, redeten viel miteinander und der Vater festigte seinen Entschluss, im Frühjahr mit Frau und Kindern nach Norden zu ziehen, da Hitze, Sturm und Überschwemmungen in dieser Region zunahmen und er keine Perspektive für die Familie sah. Wie erwartet und befürchtet, brachte der Winter Unwetter mit Gewittern und Stürmen auch oft Nieselregen, aber keinen Schnee und keine wirkliche Kälte.

„Hoffentlich wird der Sommer etwas günstiger für uns alle", hoffte der Vater, als sie im Frühjahr die Weiterreise vorbereiteten.

Der Opa schüttelte ein wenig den Kopf. „Jedenfalls wird es sehr heiß und ihr müsst zunächst hinauf nach Friedrichshafen. Da ist angeblich die Fähre noch zeitweise in Betrieb, es gibt zwar keinen Fahrplan mehr, aber alle zwei bis drei Tage werden bei Bedarf noch Fahrgäste befördert. Ich denke an euch und wünsche viel Glück", sagte er.

Also zogen sie los, die Kinder waren tapfer und sie erreichten trotz Hitze nach wenigen Tagen den Anlegeplatz, wo unter einem Schutzdach zwei Bänke montiert waren, auf denen schon einige Leute warteten. Ein alter Mann, der den Betrieb kannte, meinte: „Morgen kommt das Schiff und bringt uns nach Göteborg."

„Hoffen wir mal das Beste", murmelte der Vater.

Das Schiff kam wirklich und nach der problemlosen

Überfahrt wanderten sie wieder in nördliche Richtung, es schien nicht ganz so heiß zu sein wie in Hamburg, aber nur an der tiefsten Stelle des Vättersees war noch ein wenig Wasser übrig. Am Seeufer gab es Gehöfte und der Vater sah eine Gärtnerei; die Pflanzungen dort kämpften ganz offensichtlich ums Überleben, aber er war beeindruckt, dass es überhaupt Pflanzen gab. Er ging zu den Leuten, die dort arbeiteten. Sie verstanden Englisch und er fragte, ob sie Arbeit für ihn hätten, er würde alles tun. Sie holten den Altmeister, der meinte: „Wir können noch jemand gebrauchen, der beim Wasser holen und beim Hacken hilft. Die Familie kann in der Scheune wohnen."

Das Wasser holen war mühselig: Es musste aus einer Quelle im Wald in Fässer geschöpft und in Handwägen oder Schubkarren zur Gärtnerei gebracht werden. Motorisierte Fahrzeuge gab es auch hier nicht mehr. Reichlich Schnaken waren unterwegs, aber sie waren nicht so aggressiv wie in Hamburg und verschwanden auch hier im Winter. Die Stürme waren nicht ganz so wirksam, weil doch noch einige Waldgebiete den Wind milderten. Aber das Essen wurde knapp, die Kinder waren hungrig und stritten sich öfter. Die Mutter versuchte die Schule zu ersetzen, besonders mit Schreibübungen. Sie erzählte Geschichten und die Mädels mussten die Begebenheiten niederschreiben. Der kleine Junge bekam Schreibunterricht und konnte nach dem Winter schon einfache Worte auf seine Tafel kritzeln. Der Vater war zunächst etwas erleichtert, aber im Frühjahr erklärte ihm der Gärtner, dass sein Schwiegersohn mit Familie kommen und bei ihm arbeiten wolle. Der Vater wollte ohnehin weiter nach Norden, wäre aber gern noch eine Weile hier geblieben.

Also zogen die Hamburger mal wieder los: Zunächst ging es einigermaßen, aber bald war der Reiseproviant aufgebraucht. Trotz der Waldreste wurde es heiß und zeitweise stürmisch, aber ohne Regen. Die große Tochter wurde von einer Schnake gestochen. Um den kleinen Einstich bildete sich eine schmerzhafte Schwellung. Die Mutter hatte keine wirksamen Medikamente, war aber ohnehin schon von ihrem psychiatrischen Fachgebiet abgerückt in Richtung praktische Medizin. Sie erinnerte sich, dass sie am Wegrand Kamillenpflanzen gesehen hatte, die etwas mickrig und dürr, aber doch zahlreich vorhanden waren. Also lief sie zurück, pflückte zwei Hände voll Kamillenpflanzen, kochte konzentrierten Kamillentee, mit dem sie ein altes Hemd tränkte und es auf die gerötete Schwellung legte. Oft erneuerte sie den Verband und nach drei Tagen ging es dem Kind besser. In einem kleinen Bauernhof konnten sie zwei Tage rasten, aber nicht länger bleiben, die Leute waren einfach zu arm. Also schleppte sich die Familie weiter nach Norden; unterwegs bettelten sie, und obwohl noch mehr Klimaflüchtlinge unterwegs waren, reichte das Mitleid der Einheimischen, die wirklich keineswegs mit Wohlstand gesegnet waren, doch aus, dass sie nicht verhungerten.

Der Vater ließ nicht locker: „Wir müssen noch weiter, so weit wie möglich nach Norden. Ich hoffe, dass es dort mehr Bäume gibt und die Hitze nachlässt, erklärte er seiner Frau und den Kindern, die er sogar manchmal ein Stück des Weges trug, indem er sie auf seinen Rucksack setzte. Das Jahr ging zur Neige, es wurde kühler und oft gab es Stürme, bisweilen mit Gewittern und sogar einigen Regenschauern. Die Gegend wurde hügelig, die Wege schlecht, Ortschaften und Gehöfte gab es kaum noch, statt dessen höhere Berge, manchmal mit Felsen. Das Übernachten war dadurch besonders unangenehm, zumal die Kleidung, das dürftige Bettzeug und der bescheidene Proviant auch bei kleinen Regenschauern nass wurden und feucht blieben.

Als sie bei einer kleinen Quelle auch noch eine Höhle entdeckten, beschlossen sie, hier zu bleiben zumal der Wald dicht war und Bucheckern und Preiselbeeren zu finden waren. Sie bauten das kleine Zelt auf und der Vater bastelte sich einen Bogen, schnitzte Pfeile, übte sich im Schießen und berichtete seinen Kindern, welch guter Bogenschütze er als Junge gewesen war. Schließlich schlich er im Wald umher und kam tatsächlich eines Abends mit einem Hasen, den er erlegt hatte. Den Kindern tat der Hase sehr leid. Der Vater entfachte ein Feuer, die Mutter zog dem Hasen das Fell ab, schnitt kleine Fleischstücke heraus und briet diese in er Glut. Es duftete gut und als das Hasenfleisch durchgeschmort war, kauten die Kinder langsam und genussvoll den leckeren Braten.

Plötzlich tauchte ein Mann auf mit einem großen Hund, der völlig ruhig neben seinem Herrn stehen blieb, welcher eine leichte Felljacke trug und am Hosengürtel links eine Tasche und rechts eine lederne Scheide mit einem Dolch darin. Über seiner Schulter hing eine Armbrust. Der Mann grinste und schnupperte. *„Oh, very good. Bon appetito"*, sage er.

Die Kinder mussten kichern und der Mutter rollte eine Träne über die Wange, weil ihre Kinder zum ersten Mal lachten, nachdem sie ihre Heimat verlassen hatten. Der Vater gab dem Mann einen Hasenknochen mit Fleisch daran, das er mit Appetit verzehrte. Den Knochen mit Restfleisch warf er dem Hund zu, der den Leckerbissen zielsicher aufschnappte.

„Where do you go?", fragte der wohl einheimische Jäger den Vater.

Der zuckte die Achseln. *„We look for a place to survive"*, sagte er leise und zeigte auf die Höhle und das kleine Zelt.

Der Jäger schaute die Kinder sehr aufmerksam an, schüttelte den Kopf und sagte deutlich: „Kommt mit mir!"

Der Mutter rollte noch eine Träne über die Wange, als sie: „Danke!", sagte und der Vater fragte erstaunt: „Könnt Ihr Deutsch?"

„Ich kann alles", grinste der Mann und der Hund wedelte mit dem Schwanz.

Die fünf Klimaflüchtlinge rafften ihre wenigen Sachen zusammen und trotteten hinter dem Jäger und seinem Hund her. Die Mutter betrachtete heimlich, aber dennoch genau ihren Mann und die Kinder, die alle abgekämpft und dürr waren, aber nicht unruhig oder angstvoll. Sie selbst hatte auch keine Angst und insbesondere kein Misstrauen gegenüber dem unbekannten Waldläufer mit seinem Hund…

Die Lappen und ihre Flüchtlinge.

Als die Hamburger sehr, sehr müde waren und es schon dämmrig wurde, führte der Jäger sie in ein schmales Tal, wo ein kleines Blockhaus sehr versteckt lag und erklärte: „Hier werden wir eine Nacht verbringen und morgen früh gehts weiter."

Es war erstaunlich frisch hier und der Lappe holte eine große Blechdose aus einem winzigen Keller unter dem Blockhaus, die trockenes Brot, einige Früchte und Dörrfleisch enthielt. Die Hamburger staunten und der Vater murmelte: „Wie im Paradies."

Der Jäger grinste und ging zu der Felswand neben der Blockhütte. Aus einem kleinen Loch an einem Felsenvorsprung tröpfelte dort Wasser heraus. Es dauerte zwar etwas, aber mit Geduld füllte der Lappe für jeden Flüchtling und sich selbst einen Becher mit frischem Quellwasser. Als alle gesättigt und zufrieden waren, legten sie sich auf die Fußbodenbretter und schliefen bald ein. Der Hund blieb draußen.

Als sie am folgenden Morgen aufbrachen, ließ der alte Jäger keinen Zweifel daran, dass ein halbwegs flottes Marschtempo nötig war. Er nahm ab und zu eines der beiden kleineren Kinder auf die Schulter und der Vater half der größeren Tochter über steinige und schwierige Wegstrecken hinüber.

Am späten Nachmittag die große Überraschung: Ein wunderbarer Blick auf eine schmale Meeresbucht von bewaldeten Bergen umgeben. Bis zum Abend mussten sie noch gehen bis sie im Wald auf einer Lichtung Blockhäuser sahen, nicht weit vom Meer entfernt, aber deutlich höher gelegen als der Wasserspiegel.

„Mein Dorf", sagte der Lappe und machte eine große Rundumbewegung mit dem rechten Arm. Zwei Kinder kamen herbeigelaufen, begrüßten den Jäger und der Vater überlegte, ob sie vielleicht Kinder oder Enkelkinder des Jägers sein könnten.

Der klopfte den Kindern sanft auf die Schulter, grinste den Vater an und sagte: „Kinder vom Nachbarn, aber trotzdem: Alle meine Kinder!" Dabei machte er wieder diese Raum umgreifende Bewegung mit dem rechten Arm. Die ehemaligen Hamburger spürten, dass auch sie gemeint waren und folgten ihm, als er zielstrebig auf eines der Blockhäuser zuging und dessen große Tür an der Südwand öffnete.

„Euer Haus!", sagte er und zeigte in das geräumige Zimmer mit Kochecke, solidem Tisch und roh gezimmerten Sitz- oder Liegebänken, die man verschieben konnte. An der Nordwand war eine kleine Vorratskammer mit steinernen Wänden angebaut.

Die Mutter sagte: „*Thank you*, danke, vergelts Gott!"

Der alte Lappe schaute sie nachdenklich an und fragte: „Lebt Gott?"

Die Mutter zuckte die Achseln und sagte: „Ich danke Dir!"

Die Kinder hatten offensichtlich sofort begriffen, welchen Wert diese Behausung hatte und besetzten jeweils eine Bank ohne sich irgendwie zu streiten.

Die ehemals hamburgische Familie wurde in die Dorfgemeinschaft aufgenommen, in der bereits einige exotisch aussehende Leute, offensichtlich aus ganz anderen Regionen stammend, selbstverständlich integriert waren. Der alte Jäger, der die Hamburger gefunden hatte, war wohl die anerkannte Autorität in der Gemeinschaft, deren Geschicke er mit großer Hingabe klug lenkte. Der Winter kam und die ehemaligen Hamburger konnten nicht begreifen, dass es kalt wurde. Einige Male fiel Schnee, den sie noch nie gesehen hatten. Dennoch beteiligten sie sich sofort am Schneeball werfen und modellierten mit den anderen Kindern Schneemänner und Figuren. Es war insgesamt nicht sehr kalt, aber immerhin so kühl, dass abends der kleine Kaminofen angeheizt wurde, auf dem die Mutter das bescheidene Essen zubereitete aus dem Proviant, den die Dorfgemeinschaft brüderlich teilte.

Es ergab sich völlig selbstverständlich, dass der neuen Familie auch Verpflichtungen für die Gemeinschaft auferlegt wurden: Die Mutter wurde als Ärztin tätig, besonders bei den Kindern, die mal Verletzungen erlitten oder Fieber, Übelkeit und Durchfall hatten. Sie wagte noch nicht, daran zu denken, was sie tun solle, wenn schwere Krankheiten auftreten würden, die große Medizin erfordern. Sie hatte sich schon vorgenommen, den alten Jäger zu fragen.

Der nahm den Vater öfter mit auf die Jagd, auch zeigte er ihm die nahe und ferne Umgebung des kleinen Dorfes, erklärte ihm etwas über die Geschichte seines Stammes und dieses Ortes und erläuterte ihm, wie er mit der Armbrust jagen konnte. Offensichtlich schätzte er den Vater als geschickten und kräftigen Mann, der dann auch an dem gemeinsamen Fischfang der Männer teilnahm. Jeweils zwei Mann bekamen ein Kanu, meistens waren es sechs Boote, mit Angeln Netzen und leichten Speeren ausgerüstet, die unter der Führung eines alten, erfahrenen Fischers in die Regionen paddelten, wo Fische vermutet wurden. Natürlich waren die Erfolge unterschiedlich, aber ohne jegliche Beute kamen eigentlich die Kanufahrer nie nach Hause.

Im Frühjahr wurde es wieder warm, im Sommer sehr warm, aber nie so furchtbar heiß wie in der Heimat, welche die Hamburger Kinder langsam vergaßen. Eines Tages tauchte plötzlich eine Gruppe dunkelhäutiger Menschen auf: Frauen, Männer, Kinder, ein Dutzend an der Zahl, alle mager, in schlechtem Zustand und armselig gekleidet. Sie machten einen ängstlichen, unruhigen Eindruck und wussten nicht recht, wie sie sich verhalten sollten, als der alte Jäger auf sie zuging und in verschiedenen Sprachen fragte, woher sie kamen und wohin sie wollten. Angeblich kamen sie aus Russland und wollten nach Amerika. Der alte Ortsvorsteher grinste und machte ihnen klar, dass sie auf einem falschen Weg seien und von hier aus nicht nach Amerika kommen würden, sie sollten erst mal hier bleiben. Er redete mit dem Hamburger, dass die Flüchtlinge zunächst in der alten Blockhütte am Waldrand wohnen könnten, aber dann ein ausreichend großes Blockhaus benötigen würden, am besten mit zwei oder drei Zimmern: „Kannst du eine Skizze machen, damit wir wissen, wie viel Holz, Steine und Dachabdeckung wir benötigen?"

Der Vater war sogleich bei der Sache, ließ sich den vorgesehenen Platz zeigen, entwarf ein Haus, indem er genaue Skizzen anfertigte und den Grundriss mit Pflöcken markierte. Der Ortsvorsteher war mit den theoretischen Vorgaben zufrieden, mobilisierte ein kleines Team für die Beschaffung der Steine und für das passende Schneiden der Baumstämme. Dann wurden Fundamente und ein kleiner Keller gebaut. Auf den Fundamenten wurden die Holzbalken fixiert. Die Außenwände erhielten eine Isolierschicht, die mit senkrecht verlaufenden, fest gefügten Brettern gegen

Wind und Regen gesichert wurde. Als die noch bisweilen umherirrenden Flüchtlinge das sahen, wollten sie gar nicht mehr nach Amerika, sondern beteiligten sich je nach Fähigkeiten an den Aktivitäten der Dorfbewohner und lernten rasch, sich in den verschiedenen Sprachen zu verständigen. Das neue Haus war schließlich das schönste und mit kleinem Abstand auch das größte am Ort. Die älteren Einwohner nahmen das mit wohlwollendem Grinsen zur Kenntnis und niemand regte sich auf. Kurz darauf wurde eine Dorfschule eingerichtet. Der Dorfälteste, die Hamburger Eltern sowie erfahrene Ortsansässige gaben Unterricht. Die Kinder waren recht temperamentvoll, oft zappelig, lernten aber gut. Die Ärztin aus Hamburg war bei den Kinder besonders beliebt, weil sie sehr geduldig war und schwierige Sachverhalte verständlich, auch wenn nötig mehrfach und mit Beispielen erläutern konnte.

Ruhige Jahre gingen ins Land. Die erfahrenen, älteren Leute bemerkten geringe Klimaveränderungen mit etwas mehr Hitzeperioden im Sommer, etwas weniger Schnee und Eis im Winter, konnten aber eindeutige Anstiege des Meeresspiegels nicht wirklich feststellen. Der Fischbestand war nicht mehr so üppig, wie sie es aus ihrer Jugend in Erinnerung hatten, aber die Fangergebnisse reichten den Bewohnern des Ortes völlig.

Der Familienvater aus Hamburg war mit 90 Jahren gestorben. Seine Frau wurde nicht ganz so alt und folgte ihm schon ein Jahr später. Die beiden Mädchen hatten Partner und jeweils zwei Kinder. Der Junge war ohne eigene Familie geblieben, aber zufrieden; er war ein sehr nachdenklicher Mann, der oft allein die Gegend durchwanderte, auch längere Bootsfahrten unternahm und niemand kritisierte ihn wegen seines doch etwas seltsamen, eigenbrödlerischen Verhaltens. Das nahm er wohlwollend zur Kenntnis ebenso wie die Tatsache, dass er hier am Ort niemals einen Streit mit Krach, tätlichen Auseinandersetzungen und Gewaltanwendung erlebt hatte. Manchmal wurde er um Rat gefragt, wenn jemand Kummer hatte, weil eine Freundschaft oder Liebe zerbrochen war, oder wenn jemand einen Verstorbenen einfach nicht vergessen konnte. Oft saß er sehr lange allein am Meer und lauschte auf die Brandung, die nie ganz gleichförmig war. Bisweilen vernahm er Musik, auch Gesänge, manchmal sogar Worte und am Ende seines Lebens hörte er die Gottheiten sprechen:

Gespräch der Götter:

„Nun haben ja die Menschen in kurzer Zeit diesen schönsten Planeten im All übel zugerichtet", begann die Urgottheit.

„Ich muss Euch recht geben", entgegnete die erdkundige Gottheit, „zumal ich es ja erlebt habe am eigenen Leib, in den ich mich hinein zwängen musste, am schwierigsten war es, dass ich meinen Geist in das menschliche Gehirn hinein begeben hatte: Der Eros ist wirklich schön, aber der Destruktionstrieb ist unangenehm; er beeinträchtigt den Eros und sogar die Ratio, die bei mir schwächelte, als ich mich über die betrügerischen Geldwechsler so sehr ärgerte, dass ich ihr Geld wegschleuderte und die Münzen fast einen kleinen Jungen getroffen hätten, der am Boden mit einem Stöckchen spielte."

„Das Schlechteste an diesem Destruktionstrieb des Menschen, auch wenn er sich selbst *homo sapiens* nennt", sprach die Geistgottheit nachdenklich, „ist die Tatsache, dass der Mensch seinen zerstörerischen Trieb hauptsächlich gegen die eigenen Artgenossen, also gegen sich selbst anwendet. Keinesfalls darf es sein, dass unsere göttliche Ratio durch einen Destruktionstrieb auch nur im geringsten Maß beeinträchtigt wird."

„Das darf wirklich nicht geschehen", bestätigten die Gottheiten gemeinsam.

Nach einer Gesprächspause berichtete die Urgottheit: „Ich habe beobachtet, wie nach dem Leben vieler Generationen unterschiedlicher Menschen an einem kleinen Ort in Nordfinnland nach langer Zeit kein Destruktionstrieb mehr aufgetreten ist, erstaunlicher Weise nicht einmal bei den ansonsten aggressiven Männern."

„Das ist wirklich wunderbar", äußerte die erdkundige Gottheit.

„Vielleicht gelingt uns die Erschaffung des Menschen ja doch noch", ergänzte die Geistgottheit.

Literatur:

Alexander, Eben: Blick in die Ewigkeit. Ansata Verlag, München 2014

Börner, Gerhard: Schöpfung ohne Schöpfer? Das Wunder des Universums. Deutsche Verlagsanstalt, München 2006

Bode, Sabine: Die vergessene Generation. Klett-Cotta, Stuttgart 2004

Der farbige Ploetz. Illustrierte Weltgeschichte. Verlag Ploetz, Freiburg/Würzburg 1982

Freud, Sigmund: Das Unbehagen in der Kultur. Internationaler psychoanalytischer Verlag, Wien 1930

Gruß, Peter: Mein Rückweg aus Santiago. edition buntehunde, Regensburg 2009

Gruß, Peter: Wo ist die Heimat der Seele, und was haben Hirnchirurgie und Sterbebegleitung gemeinsam? Books on Demand, Norderstedt 2012

Gruß, Peter: Radtouren Regensburg Meran...Books on Demand, Norderstedt 2014

Gruß, Peter: Der Abt und der Medicus. Books on Demand, Norderstedt 2015

Heidenreich, Elke: Alles kein Zufall. Carl Hanser Verlag, München 2016

Imhof, Beat: Woher wir kommen, wohin wir gehen. Aquamarin Verlag, Grafing 2014

Küng, Hans: Was ich glaube. Piper Verlag, München 2009

Lessing, Doris: Die Terroristin. S. Fischer Verlag, Frankfurt 1986

Schindler, Theophil (Hrsg.): Mahnmale der Kriege. Druck: SYSTEM SD GmbH. Niedererlbach.

Dank:

Danken möchte ich Frau Dr. Gutdeutsch und Herrn Sebastian Aichner für das Lesen des Textes und manch guten Rat zu heiklen Inhalten, für die ich natürlich selbst verantwortlich bin. Schließlich Dank an Herrn Schrader für Beratung in PC-Fragen und Vorbereitung für den Druck, den die Firma BoD in bewährter Manier leistet.

Herstellung und Verlag:
BoD - Books on Demand, Norderstedt
ISBN 978-3-7412-7940-9

Gestaltung und Vorbereitung zum Druck:

highPC Arnold Schrader, Regensburg